The Science of Love:
How Far Can We
Understand It?

# 恋愛はどこまで
# 科学できるのか

恋の不思議
に迫る9つの
アプローチ

斉藤慎一
Shinichi Saito

ナカニシヤ出版

# まえがき

　最初に強調しておくが，本書は恋愛の成功の秘訣やモテる方法を指南する書籍ではない。そのような内容を扱った書籍はすでに数多く出版されており，ここで屋上屋を架す必要はないであろう。本書の目的は，恋愛という現象に対して科学的視点からアプローチしたいくつかの重要な研究を詳しく紹介し，それらの研究が何を明らかにしてきたのかを検証することにある。

　読者の中には，そもそも恋愛が科学的な研究の対象になるのかという疑問を持つ人もいるであろう。実際，恋愛に関する心理学的研究は 1970 年代まであまり主流ではなかった。しかし，1970 年代以降，多くの研究者が真剣にこのテーマに取り組み始めている。さらに，1990 年代以降は，恋愛に関する興味深い研究が脳科学や遺伝子研究などの自然科学の領域でも行われるようになってきている。

　恋愛に関する科学的研究の数は近年飛躍的に増加しており，本書でそれらのすべてを網羅的に取り上げることは不可能である。従って，本書では過去に科学的な視点から行われた恋愛に関する研究の中で，筆者が特に重要と考えるものをいくつかを取り上げ，データの収集方法や分析法などに詳しく言及しながら，恋愛を科学的に研究するとはどういうことなのかについて解説していく。

　本書はタイトルが示すよりはかなり硬い内容になっており，読者（特に統計学を学んだことのない読者）によっては少し難しいものに感じられるかもしれない。しかし，本書が取り上げている諸研究はいずれも重要なものなので，是非とも読み進めていただきたい。データ分析の詳細については分からなくても，話のエッセンスは理解してもらえるように努めたつもりである。

　なお，本書で取り上げる研究の多くは，海外で行われたもので，しかも時期的にもやや古いものも少なくない。たとえば，第 1 章で取り上げるダットン＆アロンの有名な揺れる吊り橋を使った実験は半世紀前に行われたものである。ではなぜそのようないささか古い研究を取り上げるのかといえば，ダットン＆アロンの実験はその後多くの人たち（必ずしも研究者とは限らない）から注目され，

日本でも俗に「恋の吊り橋効果」という用語で，多くの一般向け書籍や雑誌，あるいはネットのサイトで取り上げられ紹介されており，いまだにその影響力は大きいからである。しかし，第1章で詳しく論じるように，彼らの研究結果は過度に単純化されて紹介されることが多く，ダットン＆アロンの実験で実際に明らかになったこととかなりの解離が見られる。

　ちなみに，筆者の専門は社会心理学をベースにしたメディア研究であり，恋愛研究を専門にしているわけではない。では，なぜ自分の専門分野でもない領域について取り上げ，しかも本まで書こうと思ったのかについて以下に簡単に説明しておく。

　筆者は長年勤務している本務校の授業でコミュニケーションに関する社会心理学的研究を取り上げた講義科目を担当してきた。遡ること十数年前からその講義でダットン＆アロンの実験を詳しく紹介するようになった。授業に関する感想を見ていると，学生はかなりこの実験に興味を持っているようであったので，年々少しずつ恋愛を扱った研究の紹介に時間を裂くようになっていった。

　講義では，恋愛に関する話題以外にも色々取り上げるのだが，学期の最後に行う授業評価アンケートの自由記述を見ても，恋愛に関する回に興味を持ったと答える学生の数が例年かなり多い。筆者のゼミの卒業論文でも，以前から（広義の）恋愛心理学に関するテーマを取り上げるゼミ生が少なくない。

　このように，講義の準備や卒論の指導のため，筆者自身恋愛に関する様々な研究（中には社会心理学の分野を超えたものも少なくないが）論文を読み，知識を深めていった。

　それと同時に，多くの著名な研究論文にはいくつか問題点があることもわかってきた。もちろん，どのような研究でも完全無欠のものなど存在しないわけだが，著名な研究を紹介している一般向けテキストやネットの記事に書かれている内容には過度に単純化され，場合によっては間違った記述も少なくないことを実感してきた。そこで本書では，恋愛に関する代表的な研究のいくつかを詳しく紹介するとともに，それぞれの研究で行われたデータ収集方法・分析方法や結果の解釈について，批判的な視点も交えながら解説を加えている。

　本書では，恋愛という一筋縄ではいかない対象に対して，どのような科学的アプローチがありうるのか，またそれぞれの領域における代表的な研究はどの

ようにして行われ，どのような問題点があるのかという視点を重視している。

　なお，本書で紹介する研究の多くは異性愛者を対象にしたものだが，近年性的マイノリティを対象にした研究も徐々に増えてきている。本書ではそれらの研究を十分に取り上げることができなかったが，最近の研究の流れは，今後恋愛に関する新たな知見を蓄積していくだろう。

　最後に，本書は3部構成になっている。本書の前半部分は主に社会心理学や進化心理学の領域で行われた著名な研究を取り上げるが，後半部分では，脳科学や遺伝子研究の分野から恋愛という対象にアプローチした興味深い研究を紹介していく。

　「恋の吊り橋効果は本当か」と題する第Ⅰ部では，第1章でダットン＆アロンの吊り橋実験の批判的考察，第2章ではダットン＆アロンの実験に関連する2つの追実験について解説している。第Ⅱ部「恋愛における男女の違い」では「不確実状況下での男女間における性的誤知覚バイアス」の話（第3章）や「異性の誘いを受け入れるかどうかに関する男女の違い」（第4章）などについていくつかの有名な心理学実験を紹介している。第Ⅲ部「恋愛に対する自然科学からのアプローチ」では，脳科学（fMRIを使った実験）や遺伝子研究（HLAの話など）などの立場から行われた興味深い実験研究について解説していく。

　なお，いくつかの章の最後には，コラムという形でその章の内容と関連があると思われるトピックを追加している。これらの情報も読者の参考になれば幸いである。

2023年8月31日

# 目　　次

### 第Ⅲ部　恋愛に対する自然科学からのアプローチ

# 第 I 部

## 恋の吊り橋効果は本当か

## 第1章

# 有名な吊り橋実験は
# 何を明らかにしたのか

## 1　はじめに

　ダットン＆アロン（Dutton & Aron, 1974）による揺れる吊り橋を使った実験は，恋愛に関する心理学的研究の中で最も有名なものの1つであろう。一般向けの書籍やインターネットのサイトなどで俗に「恋の吊り橋効果」などと呼ばれているものの元になった研究であるが，多くの場合内容が断片的にのみ取り上げられ，また結果が過度に単純化されていて，読者に誤解を生み出している場合が少なくない。また，1974年の論文では，フィールド実験が2つ，実験室実験1つの3つの実験結果が報告されているが，多くの場合，第1実験についてのみ言及され第2〜第3実験についてはあまり知られていない。社会心理学や恋愛心理学のテキストでも大抵は第1実験のみに言及している（たとえば池上・遠藤, 2008；松井, 1993；和田, 2005）。

　ダットン＆アロンは，この研究の目的は「男性が強い情動（恐怖心）を感じている場合，情動を感じていない男性に比べて，出会った魅力的な女性がより魅力的に見えるかどうか」（Dutton & Aron, 1974：511）を検証することであると述べているが，実際に彼らの実験でそれが証明されたのであろうか。

　本章では，ダットン＆アロン（Dutton & Aron, 1974）に報告されている数値から彼らが使用したデータを再現し，データの2次分析（再分析）を行いながら，揺れる吊り橋を使った2つのフィールド実験について詳しく解説し，彼らの実験から実際に何が明らかになったのかを検証していく。また，後述するように，ダットン＆アロンが仮説を立てる際に依拠した理論の1つに，シャクター＆シンガー（Schachter & Singer, 1962）の情動2要因理論がある。ダットン＆アロンは実験結果を解釈する際も，この理論をもとに行っているが，本章では結果の

解釈の妥当性についても検討する。

## 2　ダットン＆アロンの第１実験について

　まずはダットン＆アロン（Dutton & Aron, 1974）の第１実験の手続きについて説明する。

### ■ 2-1　実験参加者

　カナダのキャピラノ川にかかった橋（揺れる吊り橋，図1-1）の上でインタビュアー（女性の場合と男性の場合がある）に話しかけられる人を実験群，キャピラノ川上流にある安定した木製の橋の上でインタビュアーに話しかけられる人を統制群とし，女性同伴者のいない18〜35歳の男性85人に声をかけた（グループの場合はその中の一人にインタビュー）。

### ■ 2-2　実験の手続き

　インタビュアーが心理学の授業の一環として風景が創作活動に与える影響を調べるプロジェクトを行っているので短いアンケートに答えて欲しいと依頼。アンケートの最初のページで年齢や学歴などについて尋ねたあと，２ページ目でTAT（Thematic Apperception Test, 主題統覚検査）の中の図版（item3GF）を見

図1-1　Stable Diffusion を用いて作成した揺れる吊り橋

てもらい，それを元に短い物語を作って欲しいとお願いする。後で，作られた
物語の中に出てくる表現について，まったく性的内容と関係ない場合を1点，
非常に性的な内容である場合を5点として点数化して「性的喚起度得点」とし
た（たとえば kiss = 3点，girl friend = 2点，lover = 4点，sexual intercourse = 5点
など）。この実験では，この性的喚起度得点も従属変数の1つと考えられている
(Dutton & Aron, 1974：512)

　アンケートに回答後，実験参加者に，もしこの実験についてもう少し知りた
いなら，詳しく説明するので興味があれば後で電話をくれといって，紙切れに
電話番号と名前を書いて渡す。なお，電話をかけてきた人がどちらの条件の参
加者だったかわかるように，女性インタビュアーの場合，実験群の人には
Gloria，統制群の人には Donna と名乗った。この実験では，電話番号を受け取
った人のうち何人が電話をしてきたかが最も重要な従属変数となっている。

　男性がインタビュアー（男性が男性に話しかける）の場合も上と同じ手続きを
とっている。

　なお，インタビュアーの外見的魅力度については明確な言及は見られないが，
論文中に，情動が喚起された場合（揺れる吊り橋でドキドキするなど），男性は魅
力的な女性をより魅力的に感じるのかどうかを調べる実験を行うとあるので，
ダットン＆アロンの女性インタビュアー（サクラ）は身体的魅力度が高い女性
であったと思われる。第1実験の基本的な流れを図1-2に示す。なお，この図
に示したように，このフィールド実験では「アンケートに回答したかどうか」
や「電話番号を受け取ったかどうか」も従属変数になりうると考えられるが，
ダットン＆アロンはその点ついては言及しておらず，また統計的分析も行って
いない。ここでは，この2つも従属変数と考え，実験群と統制群に差がないか
どうかを検討していく。

### ■ 2-3　第1実験のデータの再分析

　前述したとおり，本章では，ダットン＆アロンに報告されている数値からデ
ータを再現し，データの2次分析を行った。最初の段階として，そもそも橋の
上でインタビュアーに話しかけられた人でアンケートに答えた人がどれだけい
たのかを見ると，女性インタビュアーの場合，実験群，統制群共に7割弱であ

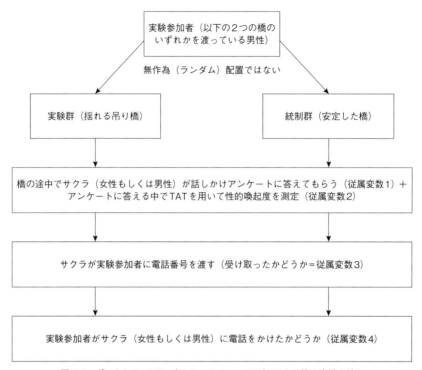

図1-2　ダットン＆アロン（Dutton & Aron, 1974）による第1実験の流れ

ったのに対して，男性インタビュアーの場合は5割前後となっており，女性イ
ンタビュアーの場合の方が2割程度高くなっている。

　一方，図1-3および図1-4に示すとおり，実験群（揺れる吊り橋）と統制群
（安定した橋）の間に，アンケートに回答した人の割合には，有意差は見られな
い。さらに，アンケートに回答した人の中で，電話番号を受け取った人の割合
にも実験群と統制群の間に有意差はなく，効果量（$\phi$係数）も極めて小さい。

　もし実験参加者の男性が自分の感じているドキドキ感（生理的喚起）を揺れる
吊り橋のせいではなく，目の前にいるサクラの女性に一目惚れしたからだと勘
違い(＝錯誤帰属)したと考えるのなら，アンケートに回答した人の割合や電話
番号を受け取った人の割合にも実験群と統制群に差が生じると考えるのが妥当
だと思われるが，結果はそうなっていない。なお，この分析結果はダットン＆

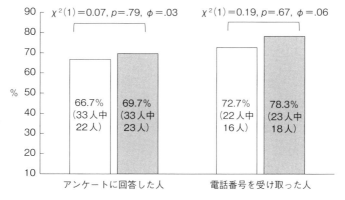

図 1-3　女性インタビュアーの場合の分析結果

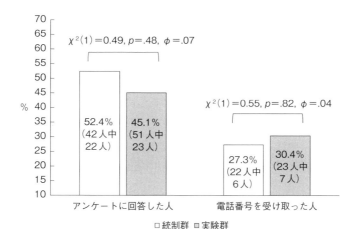

図 1-4　男性インタビュアーの場合の分析結果

アロン（Dutton & Aron, 1974）では報告されていない。

　次に，TAT による生理的喚起度を比較して見ると，女性インタビュアーの場合は，スコアの平均が実験群で 2.47，統制群で 1.14 であり t 検定の結果も有意で，効果量も大きいことがわかる[1]。一方，男性インタビュアーの場合には有意な差は見られない（図 1-5 参照）。この TAT の結果に関しては，ダットン＆アロンの仮説どおりの結果となっている。

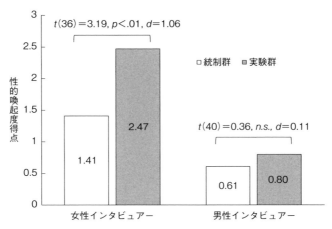

図1-5　インタビュアー別にみた実験群と統制群の性的喚起度得点の比較

　では，この実験で最も重要な従属変数と考えられている，サクラのインタビ
ュアーに後で電話をかけてきたかどうかについて，図1-6に示すとおり，女性
インタビュアーの場合，電話をかけてきた人が実験群で18人中9人（50.0%）
であるのに対して，統制群では16人中2人（12.5%）と，統計的に有意な差が
見られる（$\chi^2(1) = 5.44$, $p = .020$, $\phi = .40$；Fisher's exact test では $p = .030$）[2]。一方，
男性インタビュアーの場合，電話をかけてきた人は，実験群で7人中2人
（28.6%）に対して，統制群では6人中1人（16.7%）で，こちらについては実験
群と統制群で有意差は見られない（論文中には検定結果の報告はないため，こちら
で計算したところ，フィッシャーの正確確率検定（Fisher's exact test）で $p = 1.00$, $\phi$
$= .14$）。この結果だけ見ると，ダットン＆アロンの主張は正しいようにも見え
るが，よく吟味してみると色々と疑問点が浮かび上がってくる。
　まず，彼ら自身が言及しているフィールド実験に内在する問題点から見てい
こう。図1-2に示したように，実験参加者は，実験群と統制群の2つの群に無

---

1）ダットン＆アロン（Dutton & Aron, 1974）には効果量の報告はないためこちらで計算
　したが，生理的喚起度のデータは再現できないので $t$ 検定の結果は論文中のものを使
　用した。
2）ダットン＆アロン（Dutton & Aron, 1974：514）では，$\chi^2 = 5.7$, $p < .020$ と $\chi^2$ 値に
　誤記が見られる。

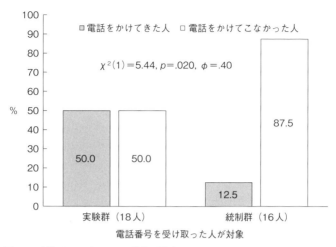

図 1-6　女性インタビュアーの場合の電話をかけてきた人とこなかった人の割合

作為（ランダム）に割り振られていたわけではない。この点は重要である。ダットン＆アロン自身が指摘しているとおり，そもそもキャピラノ橋は観光地として有名な場所であるため，統制群として使われた安定した橋より，地元の人ではなく観光客が多く渡っている可能性が高い。また，そもそも渡るのが怖いような橋をわざわざ渡ろうとする人は，そうでない人に比べてスリルを味わおうとする気質や冒険心が高い人が多いと思われる[3]。このような実験群と統制群の特質の違いにより，安定した橋を渡った実験参加者より揺れる吊り橋を渡った実験参加者の方が，初対面の（魅力的な）女性に電話をかける傾向が高かった可能性も考えられる。すなわち，実験で重要なランダム配置が取られていない以上，第 1 実験の分析結果のみから仮説が検証されたというのは無理がある。

---

3）この点については，ダットン＆アロンは事前に実験参加者とは別の男性 30 人（実際の実験参加者と同じ条件を満たしていた人）を対象に橋を渡る時の恐怖心について質問紙で尋ねている（Dutton & Aron, 1974：512）。揺れる吊り橋の方にいた 15 人について，平均的な人（普通の人）がこの橋を渡るとするなら 100 段階スケールで何点くらいだと思うかを尋ねたところ，平均は 79 であった。一方，同じ人に，自分がこの揺れる吊り橋を渡った時に感じた恐怖心についても尋ねたところ，平均は 65 であった。この平均値の差をみても，わざわざ恐怖を感じるような揺れる吊り橋を渡ろうとする人は，そうでない普通の人と異なる心理的特性を持っている可能性が高いと思われる。

このように，第1実験にはいくつか問題点があるため，ダットン＆アロンは第1実験の弱点を補うため，第2実験を行っている。

第2実験の一番の目的は，第1実験で得られた結果が，揺れる吊り橋と安定した橋を渡っていた実験参加者の特性の違いによるものでないことを検証することである。

そのため，実験を行う場所は，第2実験では揺れる吊り橋だけを利用し，女性インタビュアーが実験参加者に話しかけるタイミングを操作した。具体的には，橋を渡っている途中で女性インタビュアーが話しかける場合（実験群）と，

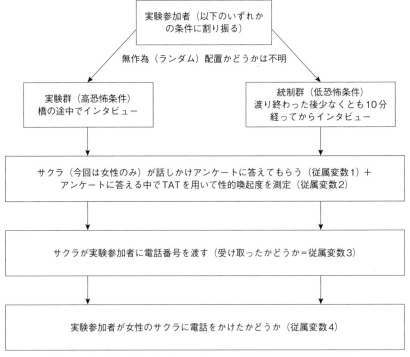

図1-7　ダットン＆アロン（Dutton & Aron, 1974）による第2実験の流れ

渡り終えた後に話しかける（統制群）という2つの条件を設定した。それ以外は，基本的には第1実験と同じ流れで実験は実施されている（図1-7参照）。なお，サクラの女性は，第1実験とは異なる女性である。また，第2実験では男性インタビュアーが話しかけるという条件は設けられていない。

### ■ 3-1　実験手続き

実験参加者は，第1実験同様，18〜35歳の女性同伴者のいない男性34人。

前述したとおり，実験場所として揺れる吊り橋だけを利用。揺れる吊り橋の上で女性インタビュアーに話しかけられる「高恐怖条件＝実験群」（これは第1実験と同じ）と，揺れる吊り橋をわたった後，最低10分後に女性インタビュアーに話しかけられる「低恐怖条件＝統制群」の2群を設定。

その他の手順については，アンケートに答えたり，TATで性的喚起度を測定するなど，基本的には第1実験と同じ手続きである。

### ■ 3-2　第2実験データの再分析

第1実験で検討したのと同様に，まず女性インタビュアーに話しかけられた人でアンケートに答えた人がどれだけいたのかを見ると，実験群，統制群共に7割程度で有意差は見られない（図1-8）。なお，ダットン＆アロン（Dutton & Aron, 1974）の論文中には，統制群（低恐怖条件）で質問紙に回答した人は35人中25人という記述（p.514）があるが，電話番号を受け取ったかどうかについては，（25人ではなく）23人中19人が受け取ったと記載されていて，数字に矛盾が見られる。25人中19人が正しいと思われるので，ここではその数値を用いて，実験群と統制群の間に，電話番号を受け取った人の割合に差があるかどうかを$\chi^2$検定を用いて分析したところ，図1-8に示すように電話番号を受け取った人の割合についても，実験群と統制群との間に有意差は見られず，効果量もかなり小さかった。

第1実験の解説でも述べたように，もし実験参加者の男性が自分の感じている生理的喚起を，揺れる吊り橋を渡っている恐怖心によるものではなく，目の前にいる女性に魅力を感じたからだと錯誤帰属したと考えるのなら，アンケートに回答した人や電話番号を受け取った人の割合にも実験群と統制群に差が生

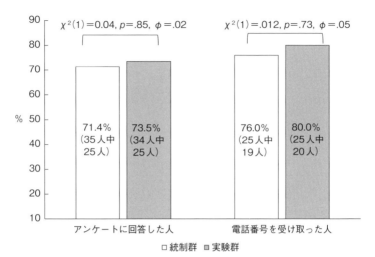

図 1-8　第 2 実験において質問紙に回答した人および電話番号を受け取った人の比較

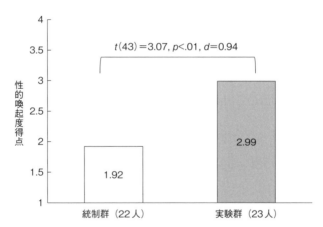

図 1-9　第 2 実験における実験群と統制群の性的喚起度得点の比較

(アンケートに回答した 50 人のうち 5 人分は回答が不完全であったため, TAT スコア分析には使用していない)

　じると考えられるが, 図 1-8 に示すように 2 群間に有意差は見られない。

　一方, 第 1 実験同様, TAT を用いて測定した生理的喚起度スコアを見ると実験群 (高恐怖条件) の方が統制群 (低恐怖条件) より有意に高く, また効果量も大きい (図 1-9)。なお, 論文では実験群 23 人, 統制群 22 人分について TAT に

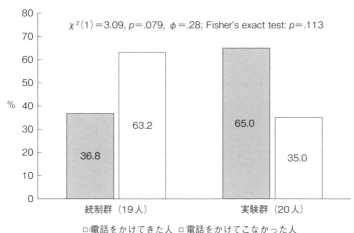

□電話をかけてきた人　□電話をかけてこなかった人

図 1-10　第 2 実験においてサクラの女性に電話をかけてきた人の割合比較

対する反応をもとに性的喚起度得点を算出したと書かれているが，$t$ 検定の結果の報告では，$df = 36$ と自由度について誤記が見られる（Dutton & Aron, 1974：514）。

　なお，この分析で示されているのは，TAT の図版に対する反応から明らかになった性的喚起の度合いの違いであって，この数値が直接サクラの女性に対する恋心と読み替えられるのかどうかについては議論の余地がある。後述するように，恋心と性的欲求は必ずしも同じではない。

　この第 2 実験でもダットン＆アロンが最も重要と考えているのは，サクラの女性に後日電話してくる人の割合に実験群と統制群で差であるかどうかであるが，これについてダットン＆アロンの分析には問題点が認められる。

　具体的には，論文中では統制群で電話番号を受け取った人は 19 人と書いているにもかかわらず，電話をかけてきた人の割合の比較をする際には，統制群で電話番号を受け取った人を 23 人として計算し，その結果統計的に有意であったと報告されている（$\chi^2 = 5.89, p < .02$：Dutton & Aron, 1974：514）。しかし，電話番号を受け取った人を 19 人として再分析して見ると，彼らの報告とは異なり，ピアソンの $\chi^2$ 検定では 5 ％水準では有意でない結果となる（10％水準で有意傾向ではあるが）。また効果量を見ても $\phi = .28$ とさほど大きな値ではない

第Ⅰ部

第Ⅱ部

第Ⅲ部

（図 1-10）。ちなみに，同じデータでフィッシャーの正確確率検定を行うと $p$ = .113 と有意傾向すら見られない。すなわち，ダットン＆アロンが主張するように，第１実験で得られた結果は，実験群と統制群の間で実験参加者の特性が異なるためである可能性を除去する目的で行った第２実験でも再現されたというのは必ずしも正しくない。

　上述のように，電話をかけてきたかどうかに関しては，第２実験において第１実験で得られた結果を再現できたとは言えないが，ダットン＆アロン（Dutton & Aron, 1974）は再現できたことを前提として，さらに２つのフィールド実験ではコントロールしきれていない可能性がある要因（たとえば，サクラの女性が実験群と統制群の男性に話しかけた際のアイコンタクト量の違いなど）があるため，第３実験として，実験室実験（名目上は，学習効果に電気ショックが与える影響を調べるための実験）を行っている。ただし，この実験室実験は，第１～２実験のように揺れる吊り橋を使った実験ではないため本章では詳細は割愛するが，この第３実験についても論文で報告されている数値や分析方法についていくつか疑問点が見られる（第３実験についてはダットン＆アロンの論文の p. 514-516 に記載があるので，関心のある読者はそちらを参照されたい）。

## 4　結果の解釈をめぐって

　章のはじめに述べたとおり，ダットン＆アロンが仮説を立てる際に依拠した理論の１つに情動２要因理論がある。また，それに関連して「錯誤帰属あるいは誤帰属」（misattribution）という概念が重要となっている。錯誤帰属とは，生理的喚起などの原因を真の原因でない，別のものに間違って原因を帰することを指す。

　シャクター＆シンガー（Schachter & Singer, 1962）の情動２要因理論によると，心拍数の上昇などの生理的喚起そのものが情動の種類を決定するわけではなく，生理的喚起の原因が明瞭でない場合，状況的要因を手がかりにして生理的喚起が生じた原因を決定するという。つまり，同じ生理的喚起に対して，状況によって異なる要因が原因として認知されうるということである。ダットン＆アロンは実験の結果を，揺れる吊り橋の途中で魅力的な女性に遭遇した男性は，揺

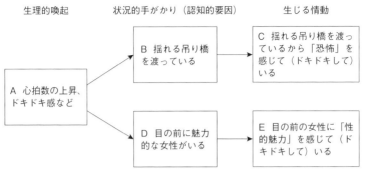

生理的喚起　　　　　状況的手がかり（認知的要因）　　　　生じる情動

図1-11　フィールド実験の結果に対する解釈枠組み

れる吊り橋を渡ることによって生じていた生理的喚起（心拍数の上昇，ドキドキ感）を，揺れる吊り橋を渡ることによる恐怖からではなく，目の前にいる女性に対して性的魅力（sexual attraction）を感じたことによるものと誤って原因を帰属（錯誤帰属）した結果だと解釈した。図1-11で言えば，A→B→C（正しい帰属）ではなく，A→D→E（錯誤帰属）というメカニズムが生じていたということになる。

　しかし，ケンリックら（Kenrick & Cialdini, 1977）が指摘しているように，ダットン＆アロンの2つのフィールド実験で生理的喚起（心拍数の上昇やドキドキ感）を生じさせる状況的手がかりとしては，（恐怖を感じる）揺れる吊り橋を渡ったことであることは明白であり，決して曖昧な状況ではないため，ドキドキ感などの生理的喚起の原因を目の前にいる魅力的な若い女性に魅かれたせいだと錯誤帰属したと考えるには無理があるのではないか（アレンら（Allen et al., 1989）も同様の指摘をしている）。そもそも，心拍数の上昇やドキドキ感は，橋の途中で女性に話しかけられる前から生じていたはずである（それくらい恐怖を感じる場所＝キャピラノ橋を実験場所に選んでいる）。女性に出会う直前から感じていたはずの生理的喚起の原因を，目の前の女性に魅かれたためという錯誤帰属的な説明は，あまり説得力があるようには思えない。

　これに関連して，ケンリックら（Kenrick & Cialdini, 1977）は，ダットン＆アロンの実験結果は錯誤帰属ではなくオペラント条件づけの負の強化（negative reinforcement）で説明できるとしている。ケンリックらによると，誰もが恐怖

を感じるような揺れる吊り橋の上で話しかけてきてアンケート調査を行っている女性の存在は，実験参加者の男性に，この橋は思っていたほど危険な橋ではないという印象を与え，女性に出会う直前に感じていた恐怖心が和らいだ可能性を指摘している（負の強化）。そして，強化理論の観点から，恐怖心のような嫌悪状態を低減させる要因である女性に対して魅力を感じたのだと指摘している[4]。

　ダットン＆アロン（Dutton & Aron, 1974）の別の疑問点の1つとして，第1実験にせよ第2実験にせよ，女性インタビュアーから電話番号を受け取った後，実験参加者の男性がいつその女性に電話をかけたのかについて言及がないことがあげられる。仮に揺れる吊り橋を渡っている最中には，揺れていることに起因するドキドキ感（生理的喚起）を錯誤帰属によって目の前にいる魅力的な女性に原因を帰属したとして，その状態がどれくらい続くのかは明らかでない。実験後，仮に2〜3日経ってから電話をしてきたような場合でも，錯誤帰属によって生じた（とされる）女性への好意的態度が続いていたかどうかはわからない。また，第1実験について，実験群で電話番号を受け取った人の半数しか電話をかけていない。これで果たして仮説が十分に立証されたと言えるであろうか。さらに言えば，逆のパターン，つまり（魅力的な）男性が女性の実験参加者に対して同じ手続きを用いた実験を行った場合も，似たような結果になるのかどうかは検討されていない。

---

4）これとは別に，外山（2012）は，ジルマン（Zillmann et al., 1972）の興奮転移理論（excitation transfer theory）で説明できるとしている。興奮転移理論では，「時間的に先行する刺激によって交感神経系の喚起を経験していながら，その作用に気づいていない人に第2の刺激を与えると，以前の興奮の残余が第2の刺激に対する興奮反応と不可分に結びついて情動を強めると予測されている」（外山, 2012：67）。時間的に先行する刺激，すなわち揺れる吊り橋を渡ったことで生じた生理的喚起（心拍数の増加やドキドキ感）に，第2の刺激である魅力的女性（サクラの実験協力者）に対する感情から生じた喚起が加算された。しかし，本人は第1の刺激である揺れる吊り橋を渡ったことが原因であるとは考えず，自分のドキドキ感などの生理的喚起は目の前の魅力的女性によるものだと錯誤帰属した結果であるという解釈である。また，アレンら（Allen et al., 1989）は，生理的喚起と対人的魅力との関連（arousal-attraction link）は反応促進効果（response-facilitation effect）からも説明できるとしている。

　細かいことを言い出せばキリがないが，サクラの女性が声をかけた男性が既婚者であったかどうか，付き合っている相手がいたかどうかなどの要因も，後日電話をかけるかどうかに影響しうると思われるが，そのような要因はまったく統制されていない。

　また，1974 年の論文では，性的魅力（sexual attraction）や性的興奮（sexual arousal）という表現は見られるが，恋愛に相当する表現（たとえば，romantic love や romantic attraction など）は用いられていない点にも注意が必要であろう[5]。俗に「恋の吊り橋効果」などと言われているものは，揺れる吊り橋を渡ることで生じる生理的喚起（ドキドキ感）を，目の前にいる魅力的な女性に恋心を抱いたためだと解説されているが，ダットン＆アロンの論文では，ドキドキ感を女性に対する恋心ではなく，性的魅力を感じたためと書かれている。目の前の相手に一目惚れすることとその相手に対して性的魅力を感じることは必ずしもイコールではない。性的欲望と恋愛感情はしばしば同時に経験されるが，この 2 つは機能的には異なることが示されている（たとえば Diamond, 2003；Gonzaga et al., 2006；Fisher, 1998；Hatfield & Rapson, 1987）[6]。後日電話したことが，女性に対する淡い恋心からなのか，それとも単に一夜限りの関係を持てるかもという下心からなのか，ダットン＆アロンのフィールド実験結果だけでは明らかではない。

　以上述べてきたように，ダットン＆アロンの 1974 年論文にはデータ分析の適切さや結果の解釈を巡っていくつか問題点が見られる。少なくとも，彼らの実験は俗に「恋の吊り橋効果」などと言われている現象を明確に支持するよう

---

5）しかし，1974 年の論文の著者の一人であるアロンは 2004 年の論文（Lewandowski & Aron, 2004）の中で，ダットン＆アロン（Dutton & Aron, 1974）では揺れる吊り橋を渡ったことで生じた生理的喚起により，サクラの女性に対するロマンチックな魅力（romantic attraction）が増したと表現しており（Lewandowski & Aron, 2004：361），1974 年の論文では用いられていない romantic attraction という用語が用いられている。

6）ダイアモンド（Diamond, 2003）は，性的欲求なしに恋愛感情が生じることも，逆に恋愛感情なしに性的欲求が生じることもあり得るとしている。また，フィッシャー（Fisher, 1998）は，性欲（lust），恋愛（romantic love），愛着（attachment）では活動している脳の場所が異なると指摘している。

な結果を示しているわけではない。

　ただし，ダットン＆アロン（Dutton & Aron, 1974）に問題点があるということは，直ちに何らかの原因で生じた生理的喚起を別の要因（たとえば魅力的な女性）に錯誤帰属することがないということを意味するわけではない。ダットン＆アロンの論文は，その後多くの研究者の関心を集め，類似の研究が数多くなされている。たとえば，次章で解説するホワイトらによる実験（White et al., 1981）は，生理的喚起を生じさせた本来の原因を実験参加者が明確に意識できない場合，別の要因（魅力的な女性）に錯誤帰属することがあり得ることを示しており，彼らの実験結果は錯誤帰属の観点から説明可能であると思われる[7]。

　また，ダットン＆アロン（Dutton & Aron, 1974）やホワイトら（White et al., 1981）の実験では実験参加者が男性のみであるが，その後女性を実験参加者に加えた研究も行われている。たとえば，コーエンら（Cohen et al., 1989）は，ジルマン（Zillmann, 1971；Zillmann et al., 1972）の興奮転移理論（excitation transfer theory）を検証する目的で，2つの映画（生理的喚起が生じるサスペンス・スリラーと生理的喚起が生じない米国の中流家庭の生活を描いたモック・ドキュメンタリー）を見る前の観客と見た後の観客を対象に，映画を見たことで生じた生理的喚起が，カップルの相手に対する親和行動（会話をしたりボディ・タッチをするなど）に影響するかどうかを調べるフィールド実験を行っている[8]。同様に，興奮転移理論を検証する目的でメストンら（Meston & Frohlich, 2003）は，ジェットコースターに乗る前のカップルと降りた後のカップルを対象にジェットコースターの同乗者に対する魅力度を測定し，違いがあるかどうかを比較するフィールド実

---

7）ホワイトらはダットン＆アロンとは異なる方法で生理的喚起を高める実験を2つ行っている。ホワイトらの実験は第2章で詳しく解説する。

8）実験の結果，サスペンス・スリラーを観たカップル間では，映画を観る前のカップルより観た後のカップルの方が，親和行動が有意に多かったが，モック・ドキュメンタリー（フィクションをドキュメンタリー映像のように見せかけたもの）を観たカップル間ではその増加は見られなかった。ただし，このフィールド実験は，実験参加者内デザインではなく，実験参加者間デザインである。また，ダットン＆アロン（Dutton & Aron, 1974）の第1実験と同様，ランダム配置が取られていないため，サスペンス・スリラー映画を観たカップルとモック・ドキュメンタリー映画を観たカップルの特質の違いもコントロールできておらず，結果の解釈には注意が必要である。

験を行っている[9]。他にも，興味深い実験がいくつも行われているが，何らか
の原因で生じた生理的喚起と対人的魅力との関連（arousal-attraction link）に関
する研究は，実験方法のあり方や理論的背景を含めて今後もさらなる検討が必
要である。

引 用 文 献

Allen, J. B., Kenrick, D. T., Linder, D. E., & McCall, M. A. (1989). Arousal and attraction:
A response-facilitation alternative to misattribution and negative-reinforcement
models. *Journal of Personality and Social Psychology, 57*(2), 261-270.

Cohen, B., Waugh, G., & Place, K. (1989). At the movies: An unobtrusive study of
arousal-attraction. *The Journal of Social Psychology, 129*(5), 691-693.

Diamond, L. M. (2003). What does sexual orientation orient? A biobehavioral model
distinguishing romantic love and sexual desire. *Psychological Review, 110*(1),
173-192.

Dutton, D. G., & Aron, A. P. (1974). Some evidence for heightened sexual attraction
under conditions of high anxiety. *Journal of Personality and Social Psychology, 30*
(4), 510-517.

Fisher, H. E. (1998). Lust, attraction, and attachment in mammalian reproduction.
*Human Nature, 9*(1), 23-52.

Gonzaga, G. C., Turner, R. A., Keltner, D., Campos, B., & Altemus, M. (2006). Romantic
love and sexual desire in close relationships. *Emotion, 6*(2), 163-179.

Hatfield, E., & Rapson, R. L. (1987). Passionate love/sexual desire: Can the same
paradigm explain both? *Archives of Sexual Behavior, 16*(3), 259-278.

池上知子・遠藤由美（2008）．グラフィック社会心理学（第2版），サイエンス社.

Kenrick, D. T., & Cialdini, R. B. (1977). Romantic attraction: Misattribution versus
reinforcement explanations. *Journal of Personality and Social Psychology, 35*(6),
381-391.

Lewandowski, G. W. Jr., & Aron, A. P. (2004). Distinguishing arousal from novelty and
challenge in initial romantic attraction between strangers. *Social Behavior and
Personality: An International Journal, 32*(4), 361-372.

9) メストンら（Meston & Frohlich, 2003）の実験では，ジェットコースター（原文では
roller coasterであるが，ここでは日本でより一般的に使用されているジェットコース
ターとしておく）に乗ったことによって生じた生理的喚起がジェットコースターの同
乗者に対する魅力度のアップにつながるという結果は得られていない。メストンらの
実験は第2章で詳しく解説する。

松井　豊（1993）. 恋ごころの科学（セレクション社会心理学 12），サイエンス社.

Meston, C. M., & Frohlich, P. F.（2003）. Love at first fright: Partner salience moderates roller-coaster-induced excitation transfer. *Archives of Sexual Behavior, 32*(6), 537-544.

Schachter, S., & Singer, J.（1962）. Cognitive, social, and physiological determinants of emotional state. *Psychological Review, 69*(5), 379-399.

外山みどり（2012）. 誤帰属過程における認知の顕在性―潜在性，研究年報（59），63-78.

和田　実（編著）（2005）. 男と女の対人心理学，北大路書房.

White, G. L., Fishbein, S., & Rutsein, J.（1981）. Passionate love and the misattribution of arousal. *Journal of Personality and Social Psychology, 41*(1), 56-62.

Zillmann, D.（1971）. Excitation transfer in communication-mediated aggressive behavior. *Journal of Experimental Social Psychology, 7*(4), 419-434.

Zillmann, D., Katcher, A. H., & Milavsky, B.（1972）. Excitation transfer from physical exercise to subsequent aggressive behavior. *Journal of Experimental Social Psychology, 8*(3), 247-259.

## 付　記

なお，本章は以下の論文を加筆修正したものである。

斉藤慎一（2022）. Dutton & Aron（1974）の吊り橋実験は何を明らかにしたのか，東京女子大学紀要「論集」，*73*(1), 161-179.

### コラム①　恋に落ちる理由

　吊り橋実験を行ったアロンとダットンら（Aron et al., 1989）は人が恋に落ちる理由に関する先行研究をもとに，恋に落ちる要因として表1にある 11 の項目を上げている。

　研究1では，最近6ヶ月から8ヶ月の間に異性と恋に落ちたもしくは相手に強く惹かれたと答えた 50 人の学部学生（女性 31 人，男性 19 人）に，恋に落ちた理由などについてできるだけ詳しく記述してもらった（自由記述の平均は 2.95 ページ）。その自由記述の内容を論文の著者のうちの2名が別々に内容分析を行い，表の 11 の項目に該当する記述があるかどうかをチェックしていった。

　研究2では，週末に行われた社会人向けクラスの 200 人の受講者に過去に恋に落ちた経験もしくは誰かと友人になった経験についてその時の状況や感じたことを自由に記述してもらい，それを2名の研究者が内容

**表1　恋に落ちる理由に関する研究結果**

（Aron et al.（1989）の論文にある表1をもとに筆者が作成。論文では詳細な統計分析結果も表に記されているがここではそれらは省いた）

|  | 研究1 | 研究2 | | 研究3 | |
|---|---|---|---|---|---|
|  | 恋人<br>(n=50)<br>(%) | 恋人<br>(n=100)<br>(%) | 友人<br>(n=100)<br>(%) | 恋人<br>(n=277)<br>(%) | 友人<br>(n=83)<br>(%) |
| 態度や性格などの類似性 | 18 | 34 | 42 | 29 | 40 |
| 場所や関係などの近さ | 10 | 27 | 46 | 34 | 24 |
| 外見など相手の望ましい特徴 | **78** | **56** | 42 | **75** | 49 |
| 好意の返報性 | **90** | **68** | 46 | **90** | 78 |
| 社会規範などの社会的影響 | 28 | 0 | 0 | 12 | 11 |
| 欲求の充足 | 8 | 3 | 1 | 35 | 21 |
| 生理的喚起\*・異変 | **62** | 9 | 13 | 33 | 35 |
| 声・目などの特定の手がかり | 36 | 6 | 1 | 尋ねていない | |
| 関係を持つ準備ができている | 44 | 7 | 1 | 33 | 28 |
| 他者からの孤立 | 24 | 5 | 1 | 40 | 11 |
| 神秘的雰囲気 | 8 | 3 | 2 | 30 | 15 |

\* ダットン＆アロン（Dutton & Aron, 1974）の吊り橋実験が例として挙げられている。

を分析している。研究3では，研究1および研究2の内容分析で得られた結果をもとに恋に落ちた理由と友人になった理由別に質問紙を作成し，それぞれ別の学生を対象に調査を行っている。上の表にあるとおり，3つの研究を通じて恋に落ちた理由として最も多かったものは好意の返報性であり，続いて外見などの相手の望ましい特徴となっている。

引用文献

Aron, A., Dutton, D. G., Aron, E. N., & Iverson, A. (1989). Experiences of falling in love. *Journal of Social and Personal Relationships, 6*(3), 243-257.

Dutton, D. G., & Aron, A. P. (1974). Some evidence for heightened sexual attraction under conditions of high anxiety. *Journal of Personality and Social Psychology, 30*(4), 510-517.

## 第2章

# 吊り橋実験の応用
## 生理的喚起の錯誤帰属に関する実験

### 1　はじめに

　第1章で詳しく述べたように，ダットン＆アロン（Dutton & Aron, 1974）の研究にはいくつか問題点がみられるが，そのことが直ちに何らかの原因で生じた生理的喚起を別の要因（たとえば魅力的な女性）に錯誤帰属することがないということを意味するわけではない。ダットン＆アロンの論文は，その後多くの研究者たちの関心を集め，類似の研究が数多くなされている。

　たとえば，ホワイトら（White et al., 1981）の実験は，生理的喚起を生じさせる本来の原因を実験参加者が明確に意識できないような工夫をし，本来とは別の要因（サクラの女性）に原因を錯誤帰属することがあり得ることを示している。また，ダットン＆アロン（Dutton & Aron, 1974）やホワイトら（White et al., 1981）の実験では実験参加者が男性のみであったが，その後女性を実験参加者に加えた研究も行われている。たとえば，興奮転移理論を検証する目的でメストンら（Meston & Frohlich, 2003）は，ジェットコースターに乗る前のカップルと降りた後のカップルを対象にジェットコースターの同乗者に対する魅力度を測定し，魅力度評価に条件間で違いがあるかどうかを検討するフィールド実験を行っている。この章では，まず第2節と第3節でホワイトら（White et al., 1981）の実験の解説を行い，第4節でメストンらの実験の解説を行う。

### 2　ホワイトらの第1実験

#### ■ 2-1　実験方法
実験参加者：この実験の参加者は54人の男子学生で，参加者には実験の目的は，

男女間における態度の類似性と初対面時に相手に感じる魅力度の関係を検討することであると説明（表向きの実験目的）。しかし，本当の目的は，生理的喚起の錯誤帰属を調べることである（詳細は後述）。

実験手順：実験参加者にはいくつかの作業をしてもらい，その後，自分の実験パートナーの女性参加者（実際には実験者が雇ったサクラ）に会ってもらってインフォーマルなデートをしてもらう予定だと告げる。当該実験参加者（男性）には，複数の条件のうち，たまたま相手の女性が自己紹介しているビデオを見る条件に割り振られたと告げる（実際には，実験参加者は全員この条件である）。

　最初に様々な対象（食べ物やペットなど）のスライドを見て評価してもらい，その後，ロック，クラシック，ジャズの３つのジャンルから曲の抜粋を聴いてもらったり，簡単なクイズに答えてもらった。これら一連の作業の後に，心拍数の上昇による生理的喚起状態を作り出す目的で，実験参加者に走ってもらった。その際，実験参加者を高喚起条件（120秒間走る）あるいは低喚起条件（15秒間走る）のいずれかにランダムに割り当てた。120秒間ないしは15秒間走った後で，このエクササイズに対する好意度も評定したが，２条件の間に有意差は見られていない。なお，この実験で最も重要な操作は生理的喚起を生じさせるために120秒間ないしは15秒間走ることであるが，上に書いたように走る以外にも様々な（あまり普通ではない）作業を行ってもらっており，それらの作業の一環として走るという行為もやってもらっている。このように，生じた生理的喚起の原因が走ったことであることを極力実験参加者に意識させないような工夫をしている。

　実験参加者は走った直後に別の部屋（ビデオルーム）に連れて行かれ，そこで実験パートナーの女性（サクラ）が自分のことについて話している５分間のビデオを視聴した。サクラの女性（大学２年生という設定）は自分の趣味や家族のこと，自分の将来についての話，あるいはデートでどういうことをしたいかなどについて話している。さらに，ビデオの中で現在ボーイフレンドはいないとも付け加えた。

　実験では，このサクラの女性の魅力度について，魅力度が高い条件と低い条件の２条件を設定し，魅力度を操作している。具体的には，同一人物の女性（実験者が雇ったサクラ）の魅力度を化粧や服装，喋り方などで操作した。高魅力

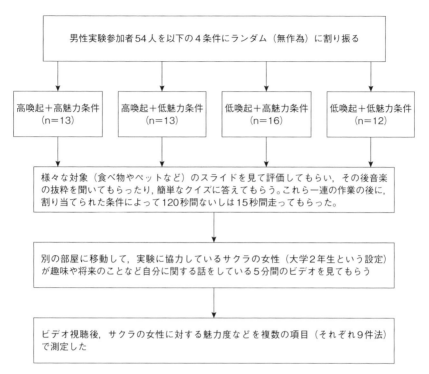

図2-1　ホワイトら（White et al., 1981）による第1実験の流れ

条件ではサクラの女性が魅力的な化粧や服装をし，魅力的な喋り方をしてもらった。一方，低魅力条件ではサクラの女性が魅力的でない化粧や服装をし，退屈な喋り方をしてもらった。なお，120秒間ないしは15秒間走ることで生じる生理的喚起の程度が異なるかどうかや，サクラの女性の魅力度の違い（高魅力条件と低魅力条件）などがうまく機能するかどうかについては，予備実験を行って十分に確認している。

　図2-1に示すように，実験参加者である54人の男子学生を以下の4つの群にランダムに割り当てた。

（1）高喚起（120秒走る）＋高魅力条件（13名）：走った後，魅力的な女性バージョンのビデオを視聴。

(2) 高喚起（120秒走る）＋低魅力条件（13名）：走った後，非魅力的な女性バージョンのビデオを視聴。

(3) 低喚起（15秒走る）＋高魅力条件（16名）：走った後，魅力的な女性バージョンのビデオを視聴。

(4) 低喚起（15秒走る）＋低魅力条件（12名）：走った後，非魅力的な女性バージョンのビデオを視聴。


　高魅力条件あるいは低魅力条件のどちらかのビデオを視聴後，実験参加者が女性に対して感じる魅力度を「彼女はどれくらい身体的に魅力的であったか」「彼女はどれくらいセクシーであったか」「彼女とどれくらいデートをしてみたいと思ったか」「彼女とどれくらいキスをしたいと思ったか」の4項目（それぞれ9件法）で測定した。これら4項目の合計点を女性に対するロマンティックな魅力度（romantic attraction）得点としている。これ以外にも，誠実性やユーモア性などの特性を測る項目や，一般的魅力度を測る「どれくらい彼女と一緒に仕事をしてみたいか」とか「もっとよく知ってみたいタイプの女性であったか」などの項目も用いている。

　ホワイトらは錯誤帰属理論をもとに，魅力度が高い女性のビデオをみた場合，120秒間走って心拍数を上げた条件（高喚起条件）の方が，15秒だけ走った低喚起条件よりサクラの女性に対する魅力度などが高くなると予想した。生理的喚起を生じさせる方法はまったく異なるが，これはダットン＆アロン（Dutton & Aron, 1974）が検討したのと同様の仮説である。一方，ホワイトらは魅力度が低い女性のビデオをみた場合には，120秒走った高喚起条件の方が，低喚起条件よりサクラの女性に対する魅力度評価が低くなると予想している。前述したとおり，ホワイトらの実験では，心拍数の上昇を生じさせた原因である120秒間走るという要因に実験参加者の注意が極力向かないように工夫している。そこで，心拍数の上昇という生理的喚起の原因となる認知的要因として，ビデオでみた魅力度が低い女性を手がかりとして情動を決定する。この場合は，女性に対する好意的感情ではなく，逆に反感ないしは嫌悪感から，このような生理的喚起が生じているのだと錯誤帰属するという仮説である[1]。

## ■ 2-2　実験結果

　ホワイトらは，まずロマンティックな魅力度，一般的魅力度，誠実性やユーモア性などの一般的特性の3つの従属変数を同時に用いて，多変量分散分析（MANOVA）を行っている。分析の結果，一般的魅力度の主効果および一般的魅力度と生理的喚起度の違い（高喚起度 VS. 低喚起度）の交互作用が有意であったと報告している。その後，彼らは，ロマンティックな魅力度，一般的魅力度，一般的特性それぞれの得点を別々の従属変数として，2要因分散分析を行っている。独立変数は喚起条件（高喚起条件 VS. 低喚起条件）と魅力度条件（高魅力条件 VS. 低魅力条件）の2つである。

　まず，ロマンティックな魅力度得点を従属変数とした分析結果からみていく。図2-2に示すように，2つの独立変数の交互作用が有意であったため（$F(1, 50) = 22.57, p < .001$），単純主効果の検定を行っている。

　図2-2を見ればわかるとおり，魅力度が高い条件の女性のビデオをみた場合，120秒間走って心拍数を上げた条件（高喚起条件）の方が，15秒だけ走った条件（低喚起条件）より女性に対するロマンティックな魅力度評価が有意に高く（$M = 32.38, SD = 2.79$ vs. $M = 26.06, SD = 5.22 : t(27) = 3.93, p < .001$），効果量も大きい（$d = 1.51$：この章の効果量はすべて筆者が算出した）[2]。

　一方，魅力度が低い条件の女性のビデオをみた場合は，逆に120秒走った高喚起条件の方が，低喚起条件より女性に対する魅力度評価が有意に低くなっており（$M = 9.38, SD = 4.84$ vs. $M = 15.08, SD = 5.09 : t(23) = 2.87, p < .005$），効果量も大きい（$d = 1.15$）。生理的喚起度が高い時，目の前にその喚起状態を生じさせると認知できる手がかりがネガティブな場合（つまり女性の魅力度が低い場合），錯誤帰属によってビデオに登場する女性に対する魅力度が下がるというホワイトらの仮説どおりの結果になっている。

　同様に，一般的魅力度得点を従属変数とした分析結果も見ておく。こちらも

---

1）ただし，この仮説は後付けの論理のようにも思え，情動の2要因理論や錯誤帰属仮説からこれが出てくるものなのか，多少疑問は残る。

2）$d = \dfrac{M_1 - M_2}{SD_{pooled}}$ ここでプールされた標準偏差 $SD_{pooled} = \sqrt{\dfrac{(n_1 - 1)SD_1{}^2 + (n_2 - 1)SD_2{}^2}{n_1 + n_2 - 2}}$

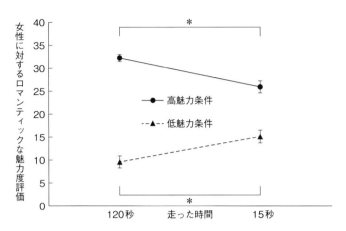

**図 2-2　ホワイトら（White et al., 1981）の第 1 実験の結果の一部**
(*p < .01，エラーバーは標準誤差（論文で報告されている標準偏差から算出）)

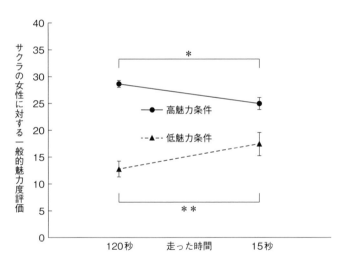

**図 2-3　ホワイトら（White et al., 1981）の第 1 実験の結果の一部**
(*p < .01，**p < .001，エラーバーは標準誤差（論文で報告されている標準偏差から算出）)

　2 つの独立変数の交互作用が有意であったため（$F(1, 50) = 7.42$, $p < .01$），図 2-3 に示すように単純主効果の検定を行っている。

　図2-3を見ればわかるとおり，ロマンティックな魅力度得点の場合と同様に，魅力度が高い条件の女性のビデオをみた場合，高喚起条件の方が低喚起条件よりサクラの女性に対する一般的魅力度評価が有意に高く（$M = 28.54, SD = 3.15$ vs. $M = 25.13, SD = 5.01；t(27) = 2.14, p < .025$），効果量も大きい（$d = 0.81$）。

　一方，魅力度が低い条件の女性のビデオをみた場合は，逆に高喚起条件の方が低喚起条件よりサクラの女性に対する一般的魅力度評価が有意に低くなっており（$M = 12.62, SD = 5.41$ vs. $M = 17.42, SD = 7.81；t(23) = 1.85, p < .05, d = 0.71$），一般的魅力度評価でも，生理的喚起度が高い（120秒走った条件）場合，目の前にその喚起状態を生じさせると認知できる手がかりが魅力度の低い女性というネガティブな場合，錯誤帰属によってビデオに登場する女性に対する魅力度が下がるという結果になっている。これもホワイトら仮説どおりの結果になっている。

　なお，誠実性やユーモア性などの一般的特性得点についても，まったく同様の結果となっているため，ここでは省略する。

　ところで，ホワイトら（White et al., 1981）の第1実験では，走ってもらって生理的喚起を高めるという「中立的な」刺激を用いているが，用いる刺激が「ポジティブ」な場合や「ネガティブ」な場合はどうなるのであろうか。それを探るため，ホワイトらは第2実験を行っている。

## 3　ホワイトらの第2実験

### ■ 3-1　実験方法

　第2実験では，走ってもらって心拍数を上げる代わりに，生理的喚起状態を作り出すために実験参加者に以下の3つの異なる内容のテープのいずれかを聴いてもらった。

　3つの実験条件は以下のとおり。

（1）コメディ条件：約4分間のコメディを聴かせる条件
（2）残忍内容条件：残忍なシーンが出てくる映画から取ってきた約4分間の内容を聴かせる条件

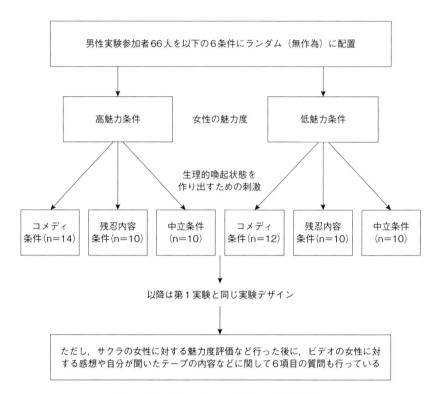

図2-4　第2実験のデザイン（実験参加者間デザイン）

(3) 中立条件：約4分間の中立的内容（カエルの循環系に関する解説）を聴
　　かせる条件

　それぞれのテープ内容を聴いた後で，簡単な質問に答え，第1実験と同様の
手順で，若い女性が5分間自分の話をしているビデオを見てもらう。こちらも
第1実験と同様の方法で，高魅力条件と低魅力条件を設けている。
　実験参加者は，66人の男子学生で，彼らを図2-4にある6つの条件にランダ
ム（無作為）に割り当てた。
　なお，コメディ条件および残忍内容条件のテープを聴いて生じる（と予想さ

れる）生理的喚起の程度が中立条件と比べて有意に異なるかどうかについては，予備実験（19 名の男性を用いた実験参加者内実験）を行って確認している。

### ■ 3-2　実験結果

　ホワイトらは，第 1 実験と同様，まず 3 つの従属変数を同時に用いて，多変量分散分析[3]を行い，その後，従属変数別に 2 要因分散分析を行っている。ここではロマンティックな魅力度得点について詳しくみていく。図 2-5 に，論文で報告されている数値をもとにグラフ化した結果を示しておく。分析の結果，生理的喚起度の違い（高喚起条件 VS. 低喚起条件）と魅力度の違い（高魅力条件 VS. 低魅力条件）の 2 つの独立変数に交互作用が見られた（$F(2, 60) = 5.79$, $p < .05$）。

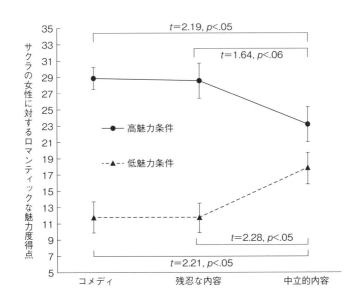

**図 2-5　ホワイトらの第 2 実験の結果の一部**

（高魅力度条件については，残忍条件と中立条件のみ $p < .06$ と有意傾向となっている（効果量は $d = 0.74$）。なおエラーバーは標準誤差（論文で報告されている標準偏差から算出））

---

3) 従属変数が 2 つ以上の場合の分散分析。

この第2実験では，2つの高喚起条件と，中立条件の間に有意差があるという仮説を立てていたため，3つの条件間のすべての組み合わせについて多重比較（A post hoc comparison）により分析するのではなく，事前比較（A priori contrasts）によって2つの高喚起条件（コメディ条件と残忍な内容条件）と中立条件の間に有意差があるかどうかのみを検定している[4]。

　結果を見ると，生理的喚起を生じさせる刺激はポジティブなもの（コメディ）だけに限らずネガティブなもの（残忍な内容）であっても，生理的喚起を生じさせたと認知された状況要因(＝魅力的な女性)があれば錯誤帰属が生じて，女性への魅力度が高まるという結果になっている。ただし，そのような錯誤帰属が生じるのは，状況要因である目の前の女性が魅力的であることが必要である点は第1実験と同様である。他の2つの従属変数についてもほぼ同様の結果が示されている。

　逆に，生理的喚起を生じさせたと認知された状況要因が非魅力的な女性であった場合は，第1実験と同様，高喚起条件（コメディ条件と残忍内容条件）の方が，低喚起条件（中立条件）より女性に対する魅力度評価が有意に低くなっており，こちらもホワイトらの仮説どおりの結果になっている。

　ホワイトらの実験から分かったことは，いわゆる「恋の吊り橋効果」が生じるのは，錯誤帰属が生じる状況要因である目の前の女性が魅力的であることが重要な条件ということである。ただし，前述したとおりホワイトらの実験では，高魅力条件と低魅力条件で実験に協力した女性は同一人物である点には注意が必要である。同じ女性でも化粧・髪型や服装，話し方などで魅力度は変化する。このことは多くの人が日常で経験しているはずである（同様のことは男性についても言えるだろう）。ネットのサイトや一般向けの書籍では，このホワイトらの実験結果をもとに，俗にいう吊り橋効果は美人にしか適用できないというような解説が見られるが，ホワイトらが示したのは，魅力度を評価される女性本人の素顔が魅力的であるかどうかではなく，魅力的ないしは非魅力的に見えるように化粧や服装などで操作した場合の結果である。つまり，化粧や服装，話し

---

4）つまり，コメディ条件と残忍な内容条件の間の得点に差があるかどうかの検定は行っていない。

方などで対人的魅力度を上げれば，多くの女性にホワイトらの実験と同様の効果が期待できるかもしれない。

## 4　メストンらによるジェットコースターを使った実験

ホワイトら（White et al., 1981）の実験と同様，女性も実験参加者に加え，メストンら（Meston & Frohlich, 2003）は，興奮転移理論を検証する目的でジェットコースター[5]に乗る前のカップルと降りた後のカップルを対象に，ジェットコースターの同乗者に対する魅力度や他者の顔写真に対する魅力度などを測定し，魅力度評価にいくつかの条件間で違いがあるかどうかを検討するためのフィールド実験を行っている。なお，興奮転移理論では「時間的に先行する刺激によって交感神経系の喚起を経験していながら，その作用に気づいていない人に第 2 の刺激を与えると，以前の興奮の残余が第 2 の刺激に対する興奮反応と不可分に結びついて情動を強めると予測されている」（外山，2012：67）。

### ■ 4-1　実験方法

メストンらは，米国テキサス州にある 2 つのテーマ・パークで，ジェットコースターに乗る前あるいは降りた直後の（18 歳以上と思われる）女性 135 人，男性 165 人を対象にインタビューを通じてデータを収集したが[6]，彼らの研究の目的は，ジェットコースターに乗ったことによる心拍数の増加などの興奮状態がまだ残余している間に，「異性の」同乗者に対する対人魅力に影響するのかを調べることであったため，同性愛者 20 名（女性 9 名，男性 11 名）はデータの分析から除外している。

---

5) 原文では roller-coaster（ローラーコースター）となっているが，日本ではジェットコースター（和製英語）と呼ぶことが多いので，ここではジェットコースターとしておく。

6) 声をかけた人の約 9 割がインタビューに応じた。なお，インタビュアーは女性 5 名，男性 5 名の計 10 名。予備的分析の段階で，インタビュアーの性別と実験参加者の性別の間に関連は見られなかったため，インタビュアーの性別は分析の際に独立変数として用いられていない。インタビューに応じていない人には，18 歳未満であった人や時間がないと断った人などがいる。

表2-1　メストンら（Meston & Frohlich, 2003）の実験参加者の基本情報

| | 乗る前の男性<br>（n＝59） | 降りた後の男性<br>（n＝79） | 乗る前の女性<br>（n＝45） | 降りた後の女性<br>（n＝68） |
|---|---|---|---|---|
| 平均年齢（SD） | 27.1（6.3） | 30.2（9.0） | 28.0（8.0） | 27.5（7.0） |
| 年齢の範囲 | 19〜47 歳 | 18〜66 歳 | 18〜50 歳 | 18〜45 歳 |
| 恋愛・婚姻関係あり[7] | 74.5%<br>（44 人）* | 80.6%<br>（64 人）* | 79.5%<br>（36 人）* | 90.3%<br>（61 人）* |
| 関係の長さの平均 | 6.2 年 | 6.9 年 | 6.3 年 | 5.9 年 |
| 恋愛・婚姻関係の長さ | n（%） | n（%） | n（%） | n（%） |
| 　1-5 ヶ月 | 3　（8） | 3　（5） | 1　（3） | 6 （11） |
| 　6-11 ヶ月 | 3　（8） | 2　（3） | 4 （11） | 1　（2） |
| 　1-2 年 | 7 （19） | 12 （21） | 3　（9） | 9 （16） |
| 　3-5 年 | 10 （28） | 14 （24） | 14 （40） | 18 （32） |
| 　6-10 年（未満） | 6 （17） | 13 （22） | 6 （17） | 13 （23） |
| 　10 年以上 | 7 （19） | 14 （24） | 7 （20） | 9 （16） |

*の数字は，4 行目の%（たとえば 74.5%）に n（たとえば 59）をかけた数値だが，論文には表記されていない。しかし，表2-1 を見れば分かるとおり，恋愛・婚姻関係の長さの箇所の n を足した数字とカッコ内の数字は一致しない。この点について Meston らは何も言及していないが，恋愛・婚姻関係の長さについて回答しなかった人が一定数いたものと思われる。

　また，実験参加者に 7 件法（1 = very slow 〜 7 = very fast）による心拍数の自己評価（= 生理的喚起度の指標の1つ）を報告してもらっているが，ジェットコースターに乗る直前の人で数値が 6 ないしは 7 の人（10 名）も分析から除外している。理由は，ジェットコースターに乗ることに対する不安などから，乗る前にすでに強い生理的喚起が生じている可能性があるためとしている。同じく，ジェットコースターを降りた直後に自己申告の心拍数の速さが 1 ないしは 2 の人（14 名）も分析から除外している。これらの人は，ジェットコースターに乗ることに慣れており，心拍数の上昇という生理的喚起が生じていない可能性が

---

7) ここでは原文の in a relationship を恋愛・婚姻関係ありと訳してあるが，メストンら（Meston & Frohlich, 2003）の論文で実際にここのパーセントが何を表しているのか今ひとつはっきりしない。もし恋愛・婚姻関係ありの割合なら，それ以外の人（多くは友人関係）の人数がかなり少ないことになるが，そうだとすると論文中に報告されている自由度から推定される数値とは矛盾する。一方，もし in a relationship が恋愛・婚姻関係だけでなく友人関係や家族も含めると解釈すると，今度は逆にこの表にあるパーセントの意味がわからなくなる。この論文で最も疑問に思う点である。

高いためである。その結果，表 2-1 にあるように合計 251 名がその後の分析対象となっている[8]。

　なお，ジェットコースターの同乗者との関係については，恋愛・夫婦関係（romantic partners）にあると回答した人の中で，48％が恋人，49％が夫婦と答えている（残り 3 ％は婚約者など）。また，恋愛・夫婦関係以外と答えた人の中では 64％が同性の友人か初対面の人と答えている（他は，兄弟姉妹 18％，親 7 ％など）。このカテゴリーの人は以降「友人」と記す。表 2-1 に示すとおり，性別やジェットコースターの乗る前か後かにかかわらず，実験参加者の多数が（74.5％〜90.3％）恋人がいるないしは夫婦関係である点は結果の解釈をする上で重要な点だと思われる。この点については，後で詳しく解説する。

　以下にメストンらの実験の大まかな流れを示しておく。

　図 2-6 に示した，平均的な魅力度の異性の写真を見てもらう点については，別の研究で用いられた白黒の写真を利用している。男性実験参加者には女性の顔写真，女性実験参加者には男性の顔写真（だいたい 22 歳くらいの人物で，男女とも全員同じ人物の写真）を見てもらい，7 段階尺度（1 = not at all から 7 = very much）でその人物に感じる魅力度やデートしたいと思うかどうかなどを評価してもらっている。

　後述するように，顔写真の人物に感じる魅力度やデート意向の得点は，概ね 7 段階尺度の中間点あたり（3 から 4 あたり）であり，用いた写真の人物が平均的な魅力度であることが確認できる。

### ■ 4-2　実験結果

　メストンらは，まずジェットコースターに乗る前の実験参加者と降りた直後の実験参加者の生理的喚起度（心拍数，呼吸速度，発汗量の 3 項目の平均値で 1 〜 7 の範囲）に違いがあるかどうかを 2 要因分散分析（性別×乗る前 vs. 降りた後）で確認している。

　分析の結果，性別の主効果および時間（乗る前 vs. 降りた後）の主効果が見られ

---

8）他にもジェットコースターの同乗者が恋人・夫婦関係か友人なのかはっきりしない 5 名も分析から除外している。

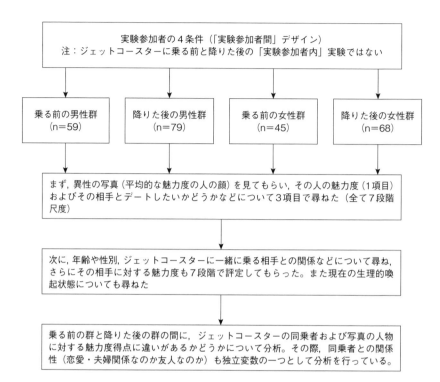

図2-6　メストンらのフィールド実験の流れ

た。図 2-7 には，時間（乗る前 vs. 降りた後）の主効果の結果を図示しておく[9]。図に示した数値は，論文に報告されているものである。この図を見れば分かるとおり，女性の方が男性より心拍数の増加などの生理的喚起度が高い。しかし，それより実験の目的からすると，男女問わず，ジェットコースターに乗る前の実験参加者より降りた直後の実験参加者の生理的喚起度が有意に高いという点はメストンらの仮説を検証する上でも重要である。なぜなら，もしジェットコースターに乗る前と降りた直後の実験参加者の生理的喚起度に差がなければ，ジェットコースターに乗ったことが乗る前より生理的喚起を高めるという前提

---

9) 論文には明記されていないが，交互作用は有意ではなかったと考えられる。

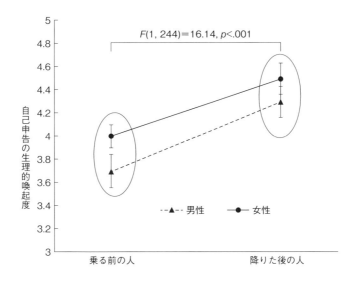

図 2-7　性別（女性 vs. 男性）および時間（乗る前 vs. 降りた後）と自己申告の生理的喚起度（3 つの指標から合成した得点）の関係（時間の主効果の図示）

（エラーバーは標準誤差（論文に報告されている標準偏差から計算）

が崩れるからである。

　次に，異性の顔写真の評価に関する結果を見ていく。メストンらは，この分析では性別（女性 vs. 男性）および時間（乗る前 vs. 降りた後）に加えて，実験参加者のジェットコースター同乗者が恋愛・夫婦関係にあるのか，それとも友人であるのか（恋人・夫婦 vs. 友人）も独立変数に組み込んだ 3 要因分散分析を行っている。ここでは，異性の顔写真に感じた魅力度について見ていく。分析結果として，時間（乗る前 vs. 降りた後）と同乗者との関係（恋人・夫婦 vs. 友人）の間に有意な交互作用が認められた（$F(1, 221) = 4.53$, $p = .035$）と報告されている。

　その後の分析の結果，図 2-8 に示すように，ジェットコースターの同乗者が友人である場合のみ，ジェットコースターに乗る前の実験参加者より，ジェットコースターを降りた直後の実験参加者の方が写真の異性に対する魅力度評価が有意に高くなっている。一方，同乗者が恋人・夫婦の場合には，乗る前と降りた直後の実験参加者の間に写真の異性に対する魅力度評価に有意な差は見ら

第Ⅰ部

第Ⅱ部

第Ⅲ部

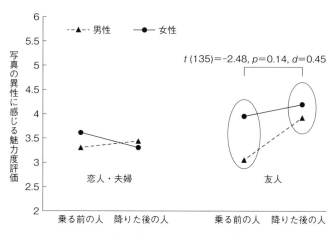

図 2-8 写真の異性に感じる魅力度の比較結果

れなかった。

　次に，ジェットコースターの同乗者に対する魅力度評価について見ていく。メストンらは，この分析でも性別（女性 vs. 男性）および時間（乗る前 vs. 降りた後）に加えて，実験参加者のジェットコースター同乗者が恋愛・夫婦関係にあるのか，それとも友人であるのか（恋人・夫婦 vs. 友人）も独立変数に組み込んだ 3 要因分散分析を行っている。

　分析結果として，同乗者（恋人・夫婦 vs. 友人）の主効果（$F(1, 221) = 82.24$, $p < .001$）および実験参加者の性別（女性 vs. 男性）とジェットコースター同乗者との関係（恋人・夫婦 vs. 友人）の間に有意な交互作用が見られた（$F(1, 221) = 3.93$, $p = .049$）。図 2-9 に示すように，同乗者が友人の場合，女性の実験参加者の方が男性実験参加者より，ジェットコースターの同乗者に対する魅力度評価が有意に高い（$t(124) = -2.22$, $p = 0.28$, $d = -0.40$）。

　一方，ジェットコースターの同乗者が恋人・夫婦の場合，女性の実験参加者と男性の実験参加者の間に同乗者に対する魅力度評価に有意差は見られないし，2 つの独立変数（時間と性別）についての交互作用も有意ではなかった。この結果は，メストンらの仮説に反するものである。さらに，男女のデータを合体させて行ったその後の分析では，むしろジェットコースターを降りた後の方が，

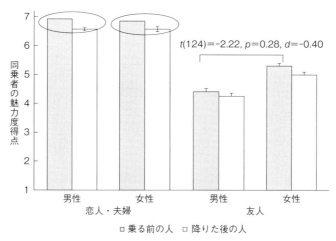

図 2-9　ジェットコースターの同乗者に感じる魅力度の比較結果

乗る前に比べて僅かながらジェットコースターの同乗者に対する魅力度評価が低い傾向が見られた（$t(102) = 2.16$, $p = 0.33$）。

### ■　4-3　実験結果の解説

　この実験では，仮説に反する結果になっているわけだが，メストンらはその理由として考えられることについて以下のように説明している。たとえば，ジェットコースターを降りた直後の人は，風で髪が乱れたり，汗をかいたりしていた結果，普通の状態より非魅力的に見えてしまったのではないか，と。

　また，実験参加者には自身の同乗者に対する魅力度評価が相手にはわからないようにしてある点を説明していたにもかかわらず，実験参加者は自分の相手（同乗者）への評価がわかってしまうのではないかと心配し，実際に感じている以上に高い評価をしてしまった可能性も指摘している。実際，データを見ると，ジェットコースターの同乗者に対する魅力度得点の平均はかなり 7 に近い値になっていて，一種の天井効果が生じている。この高魅力度得点が，彼らのいう理由からなのかどうかは定かではないが，いずれにせよ，これでは，これ以上魅力度得点は上がりようがない。

なお，この実験の弱点としてメストンら自身が挙げていることとして，実験デザインに関する点がある。先に述べたように，このフィールド実験では，同じ実験参加者がジェットコースターに乗る前と降りた後で同乗者に対する評価をするという実験参加者内実験ではなく，あくまで実験参加者間での実験であった点である。つまり，ジェットコースターに乗る前の実験参加者とジェットコースターを降りた後の実験参加者はまったく別人なので，そもそも実験に必要なランダム配置（無作為配置）がなされていない。メストンら自身が指摘しているとおり，異なる実験群に属する人たちの特性の違いがコントロールできていない以上，結果の解釈にも一定の制約が伴ってくる。

　しかし，この研究の疑問点としては次のようなことも挙げられる。表2-1に示したとおり，実験参加者の中には，恋愛・夫婦関係にある期間が6年以上のカップルが4割程度おり，（ジェットコースターに乗ることによる生理的喚起は別にして）今更ジェットコースターに一緒に乗ったからといってトキメキ感などの生理的喚起が増すとは考えにくいのではないか。サンプルサイズの関係からか，論文ではこの条件をコントロールした分析は行われていないが，本来ならこの恋愛・夫婦関係にある期間は交絡変数（剰余変数）としてコントロールすべきであると思われる。

　また，実験参加者の恋愛・夫婦関係にある期間が比較的長い点を考えると，実験参加者の多くは，恋愛段階のうち，熱愛（passionate love）ではなく，友愛（compassionate love）に近い状態になっていると考えられる（第7章で解説）。俗に言う「恋の吊り橋効果」なるものが生じるためには，カップルが恋愛初期段階にあるのが前提条件だと考えられるため，この実験で上述したような結果になったのはある意味当然かもしれない。もしかすると，付き合い始めたばかり，あるいはこれから付き合おうと考えているカップルだけが対象なら，この実験とは少し異なる結果になった可能性は考えられる。

引用文献

Dutton, D. G., & Aron, A. P. (1974). Some evidence for heightened sexual attraction under conditions of high anxiety. *Journal of Personality and Social Psychology, 30*

(4), 510-517.

Meston, C. M., & Frohlich, P. F. (2003). Love at first fright: Partner salience moderates roller-coaster-induced excitation transfer. *Archives of Sexual Behavior, 32*(6), 537-544.

外山みどり（2012）．誤帰属過程における認知の顕在性 - 潜在性，研究年報，*59*，63-78.

White, G. L., Fishbein, S., & Rutsein, J. (1981). Passionate love and the misattribution of arousal. *Journal of Personality and Social Psychology, 41*(1), 56-62.

第
Ⅰ
部

第
Ⅱ
部

第
Ⅲ
部

# 第 II 部

## 恋愛における男女の違い

# 第3章

# 恋愛にまつわる男女の差

## 1 はじめに

　様々な場面で人は目の前の相手（ここでは異性を想定）が自分に気があるかどうか（性的な意味で関心を持っているかどうか）をどのように判断しているだろうか。相手が自分に性的関心を持っていることを直接的な言葉や態度で示すケースは決して多くはなく，相手の話し方やボディタッチ，アイコンタクトなどの非言語メッセージなどを手がかりとして判断することが多い。しかし，その手がかりとなりうるものは意味が曖昧ではっきりしない場合が少なくない。

　相手が自分に異性として興味を持ってくれているかどうかの判断は，曖昧で不確実な状況のもとで行う判断や意思決定の一例と言える。不確実性下における判断や意思決定についてはトバースキー＆カーネマン（たとえば Tversky & Kahneman, 1973, 1974, 1983；Kahneman, 2011）の一連の研究が最も有名であろう（本章のコラム参照）。彼らは数多くの実験を通じて人には判断における様々なバイアスが存在することを明らかにしている。

　トバースキー＆カーネマンの流れを汲む研究とは別に，男女間における判断バイアスの違いに焦点を当てた研究の流れも存在する（たとえば Abbey, 1982, 1987）。一般に男女間における判断の誤りはヒューリスティックの視点からではなく，性役割に関する社会化の視点から解釈されてきた（Haselton & Buss, 2000）。しかし，必ずしも直接観察できるわけではない相手の性的関心に関して類推するというのは，不確実な状況下において確率を判断するという点で前者と共通点がある[1]。

---

1) ヘーゼルトン＆バス（Haselton & Buss, 2000）は異性間における判断の違いをマインドリーディング・バイアス（mind-reading biases）と呼んでいる。

## 2　不確実状況下での男女間における性的誤知覚バイアス

　これまでの研究から，男性は女性より相手が自分に性的関心を持っている可能性を過剰に見積もる傾向があることが知られている（たとえば Abbey, 1982, 1987；Haselton, 2003）。これは性的過大知覚バイアス（sexual overperception bias）と呼ばれている（たとえば Haselton & Buss, 2000；Perilloux et al., 2012）。表 3-1 に示すように，判断の間違い（エラー）には 2 つのタイプが存在する。第 1 種の誤り（タイプ I エラーあるいは False Positive）と第 2 種の誤り（タイプ II エラーあるいは False Negative）である。

　エラーマネジメント理論（Error Management Theory；Haselton & Buss, 2000）によると，この 2 つのタイプのエラーは両方を一度になくすことはできない[2]。そのため，人はどちらのタイプの間違いを犯すことがよりコストを小さくできるかを考えて行動するという。

　第 1 種の誤りと第 2 種の誤りのどちらの誤りを犯す方がマシなのかは，両方のコストの差による。火災報知器を例にすると（表3-1 参照），本当は火事が生じていない場合でも火事だと誤検出した場合（第 1 種の誤り）の方が，実際に火事が発生しているにもかかわらず火災報知器が鳴らないという検出漏れ（第 2 種の誤り）を起こすよりマシである（判断エラーの文脈では「コストが小さい」と言う）。

　これを男女関係に当てはめて考えてみよう。男性が目の前の女性が自分に気

表 3-1　火災報知器の場合の例

| | | 本当の状態 | |
|---|---|---|---|
| | | 火事は起こっていない | 火事が起こっている |
| 観察者の判断 | 火事が起こっている | 第 1 種の誤り<br>(False Positive)<br>誤検知 | 正しい判断 |
| | 火事は起こっていない | 正しい判断 | 第 2 種の誤り<br>(False Negative)<br>検出漏れ |

---

2) 第 1 種の誤りと第 2 種の誤りを最初に体系的に論じたのは，頻度論の生みの親であるネイマンとピアソン（Neyman & Pearson, 1933）だとされている。

があるかどうかを判断する場合，エラーマネジメント理論では，その女性が自分に関心を持っているのにそうではないと判断してしまう，つまりせっかくのチャンスを逃してしまうかもしれない第2種の誤りを犯すより，相手の女性と関係を持てるかもしれないチャンスを逃さないように，実際には自分に関心をもっていない相手に対して相手は自分に気があると誤って判断する（＝第1種の誤り）方が損失が小さいと考える。人間も動物の一員なので，生物学的観点から考えると，自分に気がある可能性を持っている女性を見逃すことは子孫を残すチャンスを失うことにつながるため，せっかくの機会を逃すことは損失と考える傾向があるという（Buss, 2015）。もちろん第1種の誤りを犯した場合，一時的に恥をかいたり，女性との関係が悪化するというリスクがあるが，第2種の誤りを犯した場合の方が損失は大きいと考え第1種の誤りの方を犯しやすい，すなわち性的過大知覚バイアスが生じやすいとされている。

　一方，妊娠や子育ては女性にとって大きな負担であるため，相手の男性の協力なしには困難である。配偶者選択の観点から言うと女性は自分の面倒を長期に渡って見てくれ，育児にも協力的な男性を慎重に選ぶことが重要となる。そのため，一般に女性は男性のように性的過大知覚バイアスは持たない代わりに，自分に関心をもっている男性に対して相手は自分には気がないと相手の関心度を過小評価する傾向（第2種の誤り＝性的過少知覚バイアス）があると言われる（表3-2参照）。

　しかし，男性の性的過大知覚バイアスの個人差の程度や女性の性的過少知覚バイアス（sexual underperception bias）についてはあまり詳しくはわかっていなかった。そこで，ペリルーら（Perilloux et al., 2012）はアビー（Abbey, 1982）などの先行研究を参考にしながら，以下のような興味深い実験を行っている。

表3-2　性的誤知覚バイアスの説明

| | | 本当の状態 | |
| --- | --- | --- | --- |
| | | 相手は性的関心を持っていない | 相手は性的関心を持っている |
| 観察者の判断 | 相手は自分に性的関心を持っている | 第1種の誤り<br>（False Positive）<br>性的過大知覚バイアス | 正しい判断 |
| | 相手は自分に性的関心を持っていない | 正しい判断 | 第2種の誤り<br>（False Negative）<br>性的過少知覚バイアス |

## ■ 2-1　ペリルーら（Perilloux et al., 2012）の実験手続き

　実験参加者は，24 歳未満の学部学生 199 人（女性 103 人，男性 96 人）。平均年齢は 18.7 歳（$SD = 1.00$）。参加者は男女 5 人ずつのグループになって実験に参加するが，参加者はそれぞれ別々の部屋で待機し，それぞれの部屋の中でソシオセクシャリティを測定する尺度（Sociosexuality Orientation Inventory［SOI-R］，Penke & Asendorpf, 2008）に回答してもらった[3]。ソシオセクシャリティとは「情緒的な結びつきのない（コミットメントのない）相手と性的関係を築く傾向」（仲嶺・古村, 2016：524）を指す。さらに，実験参加者には自分の顔，体型，全体的な身体的魅力度について 7 件法（1 = 平均よりかなり下～7 = 平均よりかなり上）で自己評価してもらった。

　20 分後に質問紙を回収し，スピードミーティングのセッションを始める。その際，男性もしくは女性のどちらか 5 人は自分がいる部屋に留まる。たとえば，女性が部屋に留まっている場合には，男性 5 人が順番に女性がいる部屋を一人ずつ訪れ，男女二人組となって 3 分間の短時間の会話をしてもらう。3 分たったら会話を打ち切り男性が部屋を出た後，次の相手と会話に入る前に，男女それぞれがお互いの相手に対する印象評定を行った。これを違う相手 5 人と繰り返し行ってもらった。会話の相手に対する評価項目の最初の 10 項目は「彼（彼女）は会話中アイコンタクトをしていた」「彼（彼女）は聞き上手だと思う」「彼（彼女）はフレンドリーだ」「彼（彼女）は魅惑的だ」「彼（彼女）は自分の気を引こうとしていた」「自分は彼（彼女）に性的関心を持っている」「彼（彼女）は自分に性的関心を持っている」などでこれらに 7 件法で回答してもらった。残りの 3 項目は，相手の顔や体型および全体的な魅力度について「1 = まったく魅力的でない～7 = 非常に魅力的である」の 7 件法で評定してもらった。

　これらの会話の相手に対する評価について男性参加者を例にとると，男性が相手の女性が自分に対して持っていると考えている性的関心得点（「彼女は自分に性的関心を持っている」）と会話した女性のその男性に対する性的関心得点（「自分は彼に性的関心を持っている」）の差得点を計算し，人数分の平均を取って性的誤知覚得点を算出し分析に用いている。性的誤知覚得点がプラスの場合は性的

---

3）仲嶺・古村（2016）はこの尺度の邦訳版を作成している。

過大知覚バイアスをマイナスの場合は性的過少知覚バイアスを示すことになる。

### ■ 2-2　実験結果

ペリルーら（Perilloux et al., 2012）の予想どおり，男性は女性の性的関心を過大評価（sexual overperception bias）する傾向があるのに対して，女性は男性の性的関心を過小評価（sexual underperception bias）する傾向が見られた。図 3-1 に示すように，男性の性的誤知覚スコアは $M = 0.78$（$SD = 1.36$）であったのに対して，女性の場合は $M = -0.97$（$SD = 1.58$）で，この差は統計的に有意であった（$t(196) = 8.32, p < .001$）。

また，単に男女のスコアに有意差が見られたのみならず，それぞれの性的誤知覚スコアが 0（= 過大評価でも過小評価でもない場合のスコア）から有意に離れていることも明らかになっている。つまり，男性の場合は相手の女性の性的関心度を有意に過大視していたが（$t(95) = 5.62, p < .001, d = 0.57$），女性の場合は逆に相手の男性の性的関心度を有意に過少評価していた（$t(101) = -6.19, p < .001, d = 0.61$）。

なお，実験者らの予想どおりソシオセクシャリティ得点と会話相手の女性の

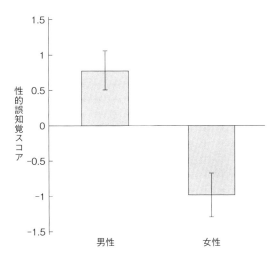

図 3-1　性的誤知覚スコアの男女比較（エラーバーは 95％信頼区間）

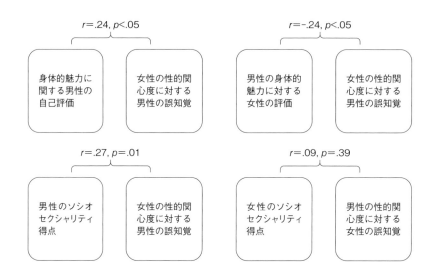

r=.24, p<.05

| 身体的魅力に関する男性の自己評価 | 女性の性的関心度に対する男性の誤知覚 |

r=-.24, p<.05

| 男性の身体的魅力に対する女性の評価 | 女性の性的関心度に対する男性の誤知覚 |

r=.27, p=.01

| 男性のソシオセクシャリティ得点 | 女性の性的関心度に対する男性の誤知覚 |

r=.09, p=.39

| 女性のソシオセクシャリティ得点 | 男性の性的関心度に対する女性の誤知覚 |

図 3-2　ペリルーら（Perilloux et al., 2012）の実験研究の一部の図示
（なお，身体的魅力に関する男性の自己評価と男性の身体的魅力に対する会話の相手の女性の評価には正の相関があったと
報告されているが，論文には相関係数の値は載っていない）

性的関心度に対する男性側の誤知覚との間には有意な正の相関が見られ（$r = .27, p = .01$），また自分の身体的魅力度を高く自己評価する男性ほど，女性の性的関心度を過大評価しやすい（$r = .24, p < .05$）ことも示された。たとえば，ソシオセクシャリティ得点が高い男性の場合，短期的で情緒的な結びつきのない相手と性的関係を持ちたがる傾向が高いわけだが，そのような男性ほど女性が自分に性的興味を抱いていると勘違いしやすいということになる。また，同様に自分の容姿に自信のある男性ほど相手の女性が自分に対して性的関心を持っていると実際以上に大きく見積もる傾向があることを示している。一方，女性側の会話相手の男性に対する魅力度評価と男性側の誤知覚得点との間には有意な負の相関が見られている（$r = -.24, p < .05$）。つまり，女性から魅力度を高く評価された男性ほど，女性の性的関心度を過大評価しない傾向が見られた（ただし，いずれの場合も相関係数が .30 未満とさほど大きな値ではない点には注意が必要である。今回の実験で明らかになったのは，あくまでそのような傾向が見られるということを示しているに過ぎず過度の一般化はすべきでない，図 3-2 参照）。

　一方，男性から身体的魅力度を高く評価される女性ほど，男性がその女性の性的関心度を過剰に見積もっていたという結果（$r = .51$, $p < .001$）は，今後男女間のトラブル解決を考える上で1つの参考になるデータだと思われる。

　ペリルーら（Perilloux et al., 2012）の研究は，先行研究では十分に明らかにされてこなかった個人差について取り上げている点で重要だと思われる。当然と言えば当然だが，男性でも全員が同じように女性の性的関心度を過大評価するわけでもなければ，男性が自分に向ける性的関心度を女性ならみんなが過少評価しているわけではなく，それぞれある特性を持った男女に判断バイアスが起こりやすいことが示された。

## 3　その後の研究

### ■ 3-1　コールとロバートソン（Kohl & Robertson, 2014）の実験

　性的過大知覚バイアスにおける個人差について，コールとロバートソン（Kohl & Robertson, 2014）はさらに配偶価値（mate value）との関係の重要性を指摘している。配偶価値とは異性に対して配偶者として優れた特性（資源獲得能力，社会的地位，高い生殖能力，身体的魅力など）を持っていることを指す（Kohl & Robertson, 2014）が，男性の配偶価値の高さと性的過大知覚バイアスの関係について正面から扱った研究は存在していなかった。そこでコールらはエラーマネジメント理論をベースにこの問題を扱った実験を行っている。以下に彼らの実験について簡単に紹介しておく。

　コールら（Kohl & Robertson, 2014）の実験では，当初90名の男子学生が実験に参加したが，この実験では異性愛者のみを対象にしているため同性愛者などは分析から除外し，さらに欠損値があった回答者も除外した結果，最終的には78名が分析対象となっている。

　男性は，どれくらい女性が自身に性的関心を持っていると認識するか（この実験の従属変数）を測定するために，以下のようなシナリオを作成し，実験参加者にこのシナリオを読んでもらったのち，シナリオの中の女性が自分にどれくらい関心を持っていると感じるかをビジュアル・アナログ・スケールを用いて測定している。以下が実験で用いたシナリオである。

「あるナイトクラブで，向かいに女性のグループがいることに気づいた。その中の一人の女性が特にあなたの注意を引いた。彼女には何かあなたを惹きつけるものがある。あなたが彼女を見ていると，彼女は振り向きあなたの注意を引いた。彼女は目を逸らさず，あなたを見つめて微笑んだ……。」

　次に説明変数（独立変数）について，この実験では，3つの説明変数が用いられている。1つ目は，24項目からなるスペンスら（Spence & Helmreich, 1978）の Personal Attributes Questionnaire（PAQ-24）で，この尺度は対になっている特性表現（たとえば，非常に消極的－非常に積極的）を5件法で判定してもらうものである。男性参加者には24項目すべてに回答してもらっているが，分析では「男らしさ」（Masculinity）を測定する8項目のみが使用されている。2つ目は先に紹介した「ソシオセクシャリティを測定する尺度」（SSOI-R），3つ目は自分の身体的魅力度を自己評価してもらう身体的魅力度尺度にある9項目である。

　また，実験参加者の男性の写真を撮影し，男らしさの客観的指標の1つとして開発された手法である目-口-目の角度を測定し分析に用いている。しかし，この指標は従属変数である女性の性的関心度に対する推定と相関が見られなかったため，それ以降の分析には使用されていない。さらに，これらの写真を10名の女性にビジュアル・アナログ・スケールを用いてそれぞれの男性の魅力度を評定してもらった。

　それぞれの変数間の単相関係数を算出したのち，コールら（Kohl & Robertson, 2014）は男らしさの度合い，短期的な性的関係を持ちたがる傾向，自己評価による身体的魅力度，及び女性による第三者からの顔の魅力度評価の4つを独立変数として，シナリオに登場した女性の性的関心に対する推定値を従属変数にした重回帰分析を行っている。

　表3-3に示すとおり，重回帰分析の結果から性的過大知覚バイアスと有意に関連しているものは男性らしさの自己評価とSSOI-R得点であることが判明した。単相関では自己評価による魅力度や女性による魅力度評価も性的過大視バ

表 3-3　重回帰分析の結果
（論文の表 1 と表 2 にある数値を合体させて筆者が作成）

| | $\beta$ | $t$ 値 | 有意確率 | 単相関係数 | 有意確率 |
|---|---|---|---|---|---|
| 男性らしさの自己評価 | .28 | 2.44 | .017 | .43 | < .001 |
| 自己評価による魅力度 | .15 | 1.30 | .197 | .35 | .001 |
| 女性による魅力度評価 | .03 | 0.26 | .194 | .19 | .043 |
| SSOI-R 得点 | .23 | 2.03 | .046 | .38 | < .001 |

$R^2_{adj} = .22$, $F(4, 74) = 6.58$, $p < .001$.

イアスと有意に相関していたが，他の変数の影響を統計的にコントロールした重回帰分析では，有意ではなくなっている。

　この結果は，配偶価値が低い男性の方が，配偶価値が高い男性より性的過大視バイアスが強いのではないかというコールらの予想とは異なっていたが，過去の研究の多くが示している配偶価値が高い男性の方が性的過大知覚バイアスを示しやすいという結果とは整合性がある。コールらは男らしく魅力的な配偶価値が高い男性はそうでない男性より，過去の経験から女性にアプローチしても拒否されることが少ないため，配偶価値が低くあまり女性にモテない男性より，相手が自分に気があると勘違いしやすいのではないか，と推測している。

### ■ 3-2　質問紙を用いた研究

　なお，男性の性的過大知覚バイアスや女性の性的過少知覚バイアスについては，上に紹介したような実験室実験以外に，質問紙を用いて日常場面でもそのようなバイアスが本当に生じているのかどうかを調査した研究も存在する（たとえば Abbey, 1987；Haselton, 2003；Bendixen, 2014)[4]。

　たとえば，ヘーゼルトン（Haselton, 2003）はアビー（Abbey, 1987）の調査研究を参考にしながら，米国の大学の学部学生 216 人（女性 102 人，男性 114 人でいずれも異性愛者）に質問紙調査を実施し，学生たちが過去 1 年間に性的誤知覚を経

---

4) 実験室実験では内的妥当性は確認できても外的妥当性については保証されない。一方，質問紙調査などの現実場面を対象にした研究（相関研究）では，外的妥当性はある程度担保できたとしても内的妥当性は保証されない（高野, 2000）。従って，それぞれの研究法の長所短所を生かすことによって，より妥当性の高い研究が可能となる。

験したかどうかを詳しく調べている。たとえば，異性に単にフレンドリーに話しかけただけなのに相手から性的誘いだと勘違いされたことがあるかとか，自分が性的魅力を感じている異性と一緒にいる状況で相手はそのことに気がつかなかったことはあるか，などの質問を行っている。分析結果の詳細な紹介は省くが，ごく簡単に言うと女子学生の方が男子学生より自分の性的関心を異性に過大に見積もられたことがあると答えている。

　またベンディクセン（Bendixen, 2014）は，社会における男女平等の進み具合の違いが性的過大知覚バイアスや性的過少知覚バイアスのあり方に影響するかどうかを調べるため，米国より男女平等が進んでいるノルウェーの大学生を対象にヘーゼルトン（Haselton, 2003）が行った質問紙調査の追試を試みているが，基本的にヘーゼルトンの結果が再現されており，少なくともこれら2つの研究結果を見る限り性的過大視バイアスなどは社会における男女平等の度合いとは無関係に生じるバイアスのようである。

　なお，ヘーゼルトン（Haselton, 2003）は性的過大知覚バイアスに関して，米国のスーパーマーケット・チェーンのセイフウェイ（Safeway）の笑顔で接客という方針（"service-with-smile" policy）が女性従業員と男性客の間でトラブルを招いた例を紹介している。セイフウェイの女性従業員は会社の方針に従って笑顔で接客しただけなのに，店の男性客の中には女性従業員が自分に気があると勘違いしてセクハラなどの迷惑行為が行われていたと報告されている（Curtis, 1998）。男性の性的過大視バイアスはセクハラやストーカー行為の原因の1つと考えられることから，こうした知覚バイアスの存在については学校教育やメディアなどを通じて教えていく必要があるだろう。

## 4　補足の話：男と女で非言語的メッセージの解読に違いはあるのか

　これまで多くの研究で男女間に非言語コミュニケーション能力に違いがあることが示されている。一言で言うと，女性の方が男性より，表情や身振りなどの非言語メッセージの意味を読み取る能力が優れていることがわかっている（たとえばHall & Matsumoto, 2004；Letzring, 2010）。つまり，女性の方が男性より非言語コミュニケーション能力が高いのである。

　また，ボディタッチやアイコンタクトなどの非言語メッセージの意味解読に男女差があることもわかっている。先に男性の性的過大知覚バイアスがセクハラなどの原因の一端になりうると述べたが，性的過大知覚バイアスとも関連する事柄として，非言語メッセージをどのように理解するかの男女差も重要な研究テーマとなっている。

　リーら（Lee & Guerrero, 2001）は，職場での男女間のコミュニケーションで生じる誤解について以下のような興味深い実験を行って検討している。

　彼らは，実験素材として4人の学生に男女のペアである職場での会話という名目で演技をしてもらいビデオ撮影を行った。その際，二人の会話の最後の方で，次の9つの異なる場所を別々にタッチしてもらった。(1) 握手をする，(2) 手を握る，(3) 前腕部に軽くタッチ，(4) 肩に手を回す，(5) 腰に手を回す，(6) 頬に軽く触れる，(7) 偉そうな態度で肩を軽くたたく，(8) 肩を押す，(9) タッチなし（統制条件）である。

　男女のペアについて，ボディタッチ以外はまったく同じ会話をしてもらったが，たとえばAが男性でBが女性の場合の会話の流れは以下のとおりである。

　　A「もう今週が終わるなんて信じられない」
　　B「私も信じられないわ。今週は本当に忙しかったわね」
　　A「まったく同感。僕は今週6つも締め切りの仕事があったよ」
　　B「全部できたの？」
　　A「どうにか。週末が待ち遠しいよ」
　　B「私も。ウオータースキーに行くの」
　　A「いいな～。僕はすごくワクワクするようなことをする予定はないけど，ハイキングか何かに行くかもしれない」
　　B「そうなの，良い週末を。また月曜日にね。[ここでボディタッチ]」
　　A「オーケー，じゃまた月曜日に」
　　B「立ち去り始める」

　この会話で，Aが女性でBが男性のパターンもある。[ここでボディタッチ]のところで上に述べた8つの異なるボディタッチ（＋タッチなしの統制群）を行

ってもらいビデオ撮影している。

　なお，実験参加者が視聴する，演技をした学生の違いが交絡要因とならないように，4人の男女について以下の4つの組み合わせを作り，それぞれが9つのタッチすべてについて演じた。まず，4人の学生は，ビデオ内で以下のような偽名を使用。白人のアメリカ人女性は映像内ではアンと名乗り，アフリカ系アメリカ人女性はベスと名乗り，白人男性はチャールズと名乗り，ヒスパニック系アメリカ人男性はダンと名乗っている。そして，アンがチャールズにタッチするパターン，ベスがダンにタッチするパターン，チャールズがベスにタッチするパターン，ダンがアンにタッチするパターンの4つの組み合わせを用いた。従って，すべてで36パターンのビデオ映像が作成された。なお，それぞれのビデオはおよそ30秒の長さになっている。

　実験参加者について，女性111名，男性82名の計193名の学生（大半は白人のアメリカ人）が実験に参加。学生たちは5人から7人の小グループに分かれ，9つのビデオのうちのどれか1つだけをランダムに割り当てられ，そのビデオを視聴した後で以下に述べるような内容の質問紙に回答した。なお，それぞれのビデオは最低20名の学生に視聴してもらっている。

　ビデオの男女のやり取りをみた後で，ボディタッチした方の人（男性が女性にタッチした場合は女性ではなく男性について）の印象を複数の項目にわたって7件法（1＝強く反対〜7＝強く賛成）で回答してもらった。

　ここでは結果の一部について簡単にみておくが，男性が女性にタッチした場合の方が，女性が男性にタッチした場合より，相手に対して恋愛感情を抱いていると判定される傾向がみられた。一方，ボディタッチした相手をどれくらい信頼しているかについては，結果は逆に女性が男性にタッチした場合の方が，男性が女性にタッチした場合より高く評価されていた。つまり，同じ行為を目撃しても，男性か女性のどちらが相手にボディタッチしたかによって観察者の見方は異なることが示されている。

　なお，ガーの研究チーム（Ingalhalikar et al., 2014）の実験から男女で右脳と左脳の連結のあり方に違いがあることが判明している（図3-3）。彼らによると，左右の脳の連結が強い女性は，連結が弱い男性より共感能力が高いという。

第Ⅰ部

第Ⅱ部

第Ⅲ部

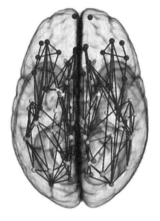
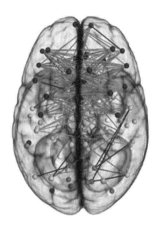

図 3-3　脳内ネットワークについて，男性（左）では大脳半球内の結合性が高く，女性（右）では大脳半球間の結合性が高い（Ingalhalikar et al., 2014）

### 引 用 文 献

Abbey, A. (1982). Sex differences in attributions for friendly behavior: Do males misperceive females' friendliness?, *Journal of Personality and Social Psychology, 42*(5), 830-838.

Abbey, A. (1987). Misperceptions of friendly behavior as sexual interest: A survey of naturally occurring incidents. *Psychology of Women Quarterly, 11*(2), 173-194.

Bendixen, M. (2014). Evidence of systematic bias in sexual over- and underperception of naturally occurring events: A direct replication of Haselton (2003) in a more gender-equal culture. *Evolutionary Psychology, 12*(5), 1004-1021.

Buss, D. M. (2015). *Evolutionary psychology: The new science of the mind, 5ᵗʰ edition.* New York: Psychology Press.

Curtis, K. (1998). *Safeway clerks object to smile rule.* Associated Press.

Hall, J. A., & Matsumoto, D. (2004). Gender differences in judgments of multiple emotions from facial expressions. *Emotion, 4*(2), 201-206.

Haselton, M. G. (2003). The sexual overperception bias: Evidence of a systematic bias in men from a survey of naturally occurring events. *Journal of Research in Personality, 37*(1), 34-47.

Haselton, M. G., & Buss, D. M. (2000). Error management theory: A new perspective on biases in cross-sex mind reading. *Journal of Personality and Social Psychology, 78*(1), 81-91.

Ingalhalikar, M., Smith, A., Parker, D., Satterthwaite, T. D., Elliott, M. A., Ruparel, K., Hakonarson, H., Gur, R. E., Gur, R. C., & Verma, R. (2014). Sex differences in the structural connectome of the human brain. *Proceedings of the National Academy of Sciences of the United States of America, 111*(2), 823-828.

Kahneman, D. (2011). *Thinking, fast and slow.* New York: Farrar, Strauss, Giroux. (村井章子（訳）(2012). ファスト＆スロー――あなたの意思はどのように決まるか？（上・下）, 早川書房)

Kahneman, D., & Tversky, A. (1973). On the psychology of prediction. *Psychological Review, 80*(4), 237-251.

Kohl, C., & Robertson, J. (2014). The sexual overperception bias: An exploration of the relationship between male value and perception of sexual interest. *Evolutionary Behavioral Sciences, 8*(1), 31-43.

Lee, J. W., & Guerrero, L. K. (2001). Types of touch in cross-sex relationships between coworkers: Perceptions of relational and emotional messages, inappropriateness, and sexual harassment. *Journal of Applied Communication Research, 29*(3), 197-220.

Letzring, T. D. (2010). The effects of judge-target gender and ethnicity similarity on the accuracy of personality judgments. *Social Psychology, 41*(1), 42-51.

仲嶺　真・古村健太郎 (2016). ソシオセクシャリティを測る― SOI-R の邦訳, 心理学研究, 87(5), 524-534.

Neyman, J., & Pearson, E. S. (1933). On the problem of the most efficient tests of statistical hypotheses. *Philosophical Transactions of the Royal Society of London, 231 A.* 289-338.

Penke. L., & Asendorpf, J. B. (2008). Beyond global sociosexual orientations: A more differentiated look at sociosexuality and its effects on courtship and romantic relationships. *Journal of Personality and Social Psychology, 95*(5), 1113-1135.

Perilloux, C., Easton, J. A., & Buss, D. M. (2012). The misperception of sexual interest. *Psychological Science, 23*(2), 146-151.

Spence, J. T., & Helmreich, R. L. (1978). *Masculinity and femininity: Their psychological dimensions, correlates, and antecedents.* Austin, TX: University of Texas Press.

高野陽太郎 (2000). 因果関係を推定する―無作為配分と統計的検定, 佐伯　胖・松原　望（編）実践としての統計学, 東京大学出版会, pp.109-146.

Tversky, A., & Kahneman, D. (1973). Availability: A heuristic for judging frequency and probability. *Cognitive Psychology, 5*(2), 207-232.

Tversky, A., & Kahneman, D. (1974). Judgment under uncertainty: Heuristics and biases. *Science, 185*(4157), 1124-1131.

Tversky, A., & Kahneman, D. (1983). Extensional versus intuitive reasoning: The conjunction fallacy in probability judgment. *Psychological Review, 90*(4), 293-315.

## コラム②　ヒューリスティクスの話

### (1) 利用可能性ヒューリスティック (Tversky & Kahneman, 1973)

　一般に，人は頻繁に発生する事例の方が，あまり起こらない事例よりも容易に思い浮かべることができる。多くの場合，特定の事例を簡単に思い起こすことができれば，その事例の発生確率が高いと判断しがちである。ただし，思い起こしやすさは，事例の頻度情報以外の要素にも影響を受けることがある。たとえば，よく挙げられる例として航空機の墜落事故について考えてみる。事故が起きた直後は，メディアの報道などによりその事故のイメージが鮮明に蘇ってくるため，同様の航空事故の発生確率を過大に評価する傾向があることが知られている。

　以下に，トバースキー＆カーネマン (Tversky & Kahneman, 1973) が報告している例を1つ紹介しておく。彼らは，英語の文字 (letter) の出現頻度についての判断を求める研究を行った。初めに，英語の典型的なテキストを選定し，アルファベットの各文字が単語の第1位置と第3位置でどの程度出現するか，その相対頻度を計測した。なお，3文字未満の単語はこのカウントからは除外されている。

　次に，実験参加者にはアルファベットのいくつかの文字 (たとえばK) が提示され，これらの文字が単語の第1位置と第3位置のどちらでより頻繁に現れると思うか，またこれらの位置での出現頻度の比率を推定するように指示された。以下に具体的な問題例を示す。

> 「アルファベットの "R" について考えてみてください。"R" は単語の第1位置により頻繁に現れると思いますか？　それとも単語の第3位置により頻繁に現れると思いますか？（どちらか1つを選んでください）
>
> 　私は，"R" が単語の1番目と3番目に現れる頻度の比率は（　）：1と推定します。」

　実験参加者の半分には，上の2つの質問の提示順序を逆にしてある。また，Rに加えて他の5つの文字についても同様の実験を行った。

その結果，152名の実験参加者中105名が大半の文字について第1位置に出現する可能性が高いと判断した。一方，残りの47名は第3位置に出現する可能性が高いと判断している。この判断の差は，符号検定（sign test）により統計的に有意であることが示された。

　さらに，5つの文字すべてについて実験参加者の大半が単語の最初に出現する頻度が第3位置よりも高いと判断した。それぞれの文字について推定された出現頻度の中央値比率は2：1であった。

　これは，多くの実験参加者にとってたとえばRで始まる英単語の方が，3番目にRが来る英単語より想起しやすいため，Rで始まる英単語の方が多いと判断したと考えられる。しかし，実際には使用されたすべてのアルファベットの文字が単語の第3位置で第1位置より頻繁に出現しているという事実が明らかになっている。

### (2) 代表性ヒューリスティック (Tversky & Kahneman, 1983)

人は，特定の事象の確率を直感的に判断する際に，限定的な事例を基に，全体の確率を推定する。この際，ある事例がその事象（母集団やカテゴリー）を代表すると感じられるほど，発生確率を高く評価する傾向がある。

　ここでは，有名なリンダ問題について紹介しておく。

　トバースキー＆カーネマンは実験参加者に以下の記述を読ませた上で，リンダについて質問した。

> 「リンダは31歳，独身，率直な性格でとても聡明である。大学では哲学を専攻。学生時代は差別や社会正義などの問題に深く関心を持ち，反核デモにも参加した」

　次の2つの文章のうち，どちらがよりあり得ると思いますか？

> 1．リンダは銀行の窓口係である。
> 2．リンダは銀行の窓口係で，フェミニスト運動に参加している。

　実験の結果，85％の回答者が選択肢2の方を選んだという（Tversky & Kahneman, 1983：299）。これは「連言錯誤（conjunction fallacy）」（2つの事

象が重なって起きることと単一の事象を比較したうえで，前者の確率が高いと判断してしまう錯誤）を示しており，単独の事象の確率がその事象と別の事象が同時に起こる確率よりも小さいことはあり得ないという基本的な確率理論に反している。これはリンダがフェミニスト活動家であるという説明が我々の中にあるフェミニストの代表的なイメージ（ステレオタイプ）に一致するため，多くの人は選択肢2を選びがちになると考えられている。

トバースキー＆カーネマン（Tversky & Kahneman, 1974）が紹介している代表性ヒューリスティックの別の例として以下のようなものがある。彼らは実験参加者に以下の記述を読ませ，スティーブの職業がリスト（たとえば，農夫，セールスパーソン，パイロット，図書館司書，医者）の中のどれであると思うかを質問した。

> スティーブは非常に内気で引っ込み思案，いつも親切だが，人や現実の世界にはほとんど興味がない。おとなしくきちんとした人で，物事が整理され組織化されていることを好み，細部にこだわる性格である。

多くの参加者は，スティーブが図書館員であると判断したが，これはスティーブの特性が我々の図書館員に対するステレオタイプ，つまり内向的で書籍が好きな人，と一致するからと考えられる。この判断では代表性ヒューリスティックが働いており，我々は事前の確率（base-rate information），つまり全体的に考えて，たとえば図書館員の数が農夫の数よりもはるかに少ないという事実を無視しまっている。これは「基準比率の無視（誤謬）」（base-rate fallacy）と呼ばれている。

### (3) 係留と調整のヒューリスティック（アンカリング効果）（Tversky & Kahneman, 1973）

係留と調整ヒューリスティック（アンカリング効果）とは認知バイアスの1つで，意思決定をする際に最初に提示された情報（＝アンカー）に大きく依存する人間の傾向を表す。トバースキーとカーネマンは，この現

象を説明するためにいくつかの実験を行っている。

　たとえば，彼らは実験参加者に，黒板に書かれた数式の計算を5秒以内に行うよう求められた。1つのグループ（N = 87）には8 × 7 × 6 × 5 × 4 × 3 × 2 × 1の積を推定し，もう1つのグループ（N = 114）には1 × 2 × 3 × 4 × 5 × 6 × 7 × 8の積を推定してもらった。降順で推定してもらったグループの中央値は2,250であった。一方，昇順で推定してもらったグループの中央値は512であった。この2つの推定値の差は統計的に有意であった（$p < .001$，メディアン検定）（なお，正解は40,320であり，2つのグループの推定値はどちらも正解を大きく下回っていた）。

　掛け算の最初の数ステップ（左から右へ）の結果が降順の数列で昇順の数列よりも大きいため，前者の表現の方が後者よりも大きいと判断されることになる。降順の数列の評価は次のように進行と考えられる－「8 × 7は56で，それに6を掛けるとすでに300を超えているので，それなりに大きな数値になる」。一方，昇順の数列を評価する場合，次のように考えるかもしれない。「1 × 2は2で，それに3を掛けると6で，さらに4を掛けると24で……」。このやり方では明らかに大きな数字の推定にはならない（5秒以内に推定してもらった点に注意）。

　アンカリング効果の別の実証例として，トバースキー＆カーネマン（Tversky & Kahneman, 1974）は，実験参加者に各種の量をパーセンテージで推定するように求めた（たとえば，国連に占めるアフリカ諸国の割合など）。それぞれの量について，参加者の目の前でルーレットを回し0から100の間の数を決定した。参加者たちはルーレットで出た数（10と65）が，たとえば推定するように言われた国連に加盟しているアフリカ諸国の割合よりも高いか低いかを考え，次に，ルーレットで出た数を上下に移動して正しい割合を推定するように指示された。実験参加者の推定はこれら恣意的に与えられた数（＝ルーレットで出た数）に大きな影響を受けていた。たとえば，国連に加盟しているアフリカ諸国の割合の推定値の中央値は，ルーレットの数が10のグループでは25であったが，ルーレットの数は65のグループでは45であった。

引 用 文 献

Tversky, A., & Kahneman, D. (1973). Availability: A heuristic for judging frequency and probability. *Cognitive Psychology, 5*(2), 207-232.

Tversky, A., & Kahneman, D. (1974). Judgment under uncertainty: Heuristics and biases. *Science, 185*(4157), 1124-1131.

Tversky, A., & Kahneman, D. (1983). Extensional versus intuitive reasoning: The conjunction fallacy in probability judgment. *Psychological Review, 90*(4), 293-315.

第Ⅰ部

第Ⅱ部

第Ⅲ部

## コラム③　プロスペクト理論について

### (1) プロスペクト理論における損失回避性 (Loss Aversion)

　不確実性下における判断や意思決定に関する重要な理論としてカーネマン＆トバースキー (Kahneman & Tversky, 1979；Tversky & Kahneman, 1992) によって提唱されたプロスペクト理論 (prospect theory) がある。プロスペクト理論は価値関数 (value function) と確率加重関数 (weighting function) からなるが，ここでは本章に関係するものとして価値関数，特に損失回避性 (Kahneman & Tversky, 1984) について簡単に触れておく。

　プロスペクト理論における価値関数は，図1のようにS字型の曲線で表され、利得に対しては凹型、損失に対しては凸型の特性を持っている。カーネマン＆トバースキーによると、ヒトは利得より損失の方を強く感じるという。カーネマン (Kahneman, 2011) は損失回避性について、「S字のカーブは左右対象ではない。参照点を境に，グラフの傾きは大幅に

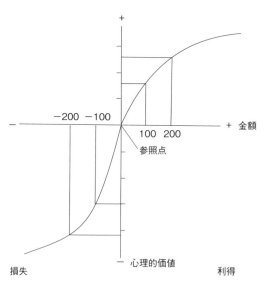

図1　価値関数のグラフ (Kahneman, 2011, 訳書, 2012：77)

変わる。損失に対する感応度は，同じ額の利得に対する感応度よりもはるかに強いのである」（Kahneman, 2011, 訳書, 2012：77）と述べている。たとえば100ドル得た時に感じる心理的価値は100ドルを失ったときに感じる心理的価値と等価ではなく，同じ金額を得た場合と失った場合で感じる嬉しさや悲しみには重要な違いがあると言う。それによりヒトには損失回避バイアスが見られるとされている。

　損失回避性に関してはこれまで多数の研究が行われており，あるレビュー論文では「人は損失によって利益の2倍の影響を受けると，ある程度確実に言うことができる」（Vohs & Luce, 2010：736）と指摘されている。損失回避性について，カーネマン（Kahneman, 2011）は「プラスの期待や経験とマイナスのそれとの間のこうした非対称性は，進化の歴史に由来するものと考えられる。好機よりも脅威に対してすばやく対応する生命体の方が，生存や再生産の可能性が高まるからだ」（Kahneman, 2011, 訳書, 2012：77）と述べている。

　しかし，リーら（Li et al., 2011）は損失回避性はどのような領域においても見られるわけではなく，領域固有のバイアスではないかと考えた。彼らは，自己防衛ないしは自己保全（self-protection）の領域では潜在的な損失に対して敏感であることが重要であるが，交配動機（mating motives：異性のパートナーを得ようとする動機や意図）に関する領域では，男性は損失回避的にではなく，利得追求的な行動をするのではないかという仮説を立て3つの興味深い実験を行っている。

　ここでは実験結果の詳細には触れないが，結論として彼らの仮説は検証され，交配（mating）に関する領域においては，男性には損失回避バイアスが見られなかった。一方，女性にはそのような傾向は見られなかった。これらの結果は，男性に交配動機がある場合には，潜在的な利得を追求することが進化的に有用であるため，損失回避バイアスが消えることを示唆している。リーらの実験結果は，本章で紹介した男性における性的過大知覚バイアスとの関連も含めて今後も検討していく必要があるだろう。

　なお、損失回避性に関連する概念として「現状維持バイアス」（status

quo bias；Samuelson & Zeckhauser, 1988）がある。現状維持バイアスとは，人々が現在の状況や決定を変更することに抵抗を感じる心理的傾向を指す。このバイアスは，現状を参照点とし新しい選択肢や変更がもたらす損失を過大に評価し，得られる利益を過小評価することで生じるとされる。現状維持バイアスにより，人々はしばしばより良い結果をもたらす可能性のある変更を避け，慣れ親しんだ選択肢や決定を維持することを選ぶことが知られている。

### (2) フレーミング効果

　プロスペクト理論では，「意思決定者が利得を評価する際にはリスク回避となり，損失を評価する際にはリスク志向となるものと仮定」（藤井・竹村, 2001：10）している。このことと関連して，フレーミング効果（Tversky & Kahneman, 1981）についても簡単に紹介しておく。

　フレーミング効果については，トバースキー & カーネマン（Tversky & Kahneman, 1981）の「アジア病問題」というものが非常に有名である。彼らは以下のような問題を考え学生たちを対象に調査した（Tversky & Kahneman, 1981：453）。

---

米国では，600人の死者を出すと予想される珍しいアジアの病気の発生に備えているとします。この病気と闘うための2つのプログラム（対策）が提案されました。2つのプログラムの正確な科学的予測は以下の通りであるとします。あなたならどちらのプログラムを選びますか。

1つ目のグループ（n = 152）には以下のような選択肢を示した（ポジティブ・フレーム条件）。
選択肢 A: プログラム A が採用されれば、200人が助かる（72%）。
選択肢 B: プログラム B を採用した場合、600人が助かる確率は1/3、誰も助からない確率は2/3である（28%）。

---

2 つ目のグループ（n = 155）には以下のような選択肢を示した（ネガ
ティブ・フレーム条件）。

選択肢 C: プログラム C が採用されれば、400 人が死亡する（22%）。

選択肢 D: プログラム D を採用した場合、誰も死なない確率は 1/3、
600 人が死亡する確率は 2/3 である（78%）。

　トバースキー & カーネマンの研究では，ポジティブ・フレーム条件
の場合，72% が選択肢 A，つまりリスク回避的な選択をしたが、ネガテ
ィブ・フレーム条件では逆に 78% の回答者が一か八かにかけるリスク
志向的な選択をした。二つの条件をよく見れば分かるとおり，選択肢 A
と選択肢 C、選択肢 B と選択肢 D は論理的には同じである。このように，
数理的には同一の意思決定問題でもフレーミングの仕方が違えば，判断
にも影響が出ることが示されている。

　なお，レヴィンら（Levin et al., 1998）はフレーミング効果を「何が操
作されるのか」，「何に影響するのか」および「効果はどのように測定さ
れるのか」という観点から 3 つの類型を提唱している。(1) リスク選択
フレーミング，(2) 属性フレーミング，(3) 目標フレーミングである。
上に紹介したアジア病問題はリスク選択フレーミングの例と言える。

　属性フレーミングでは，対象や出来事の何らかの特性がフレーミング
操作の焦点となる。たとえば，病気の治療法を選ぶ際に「90% の生存
率」を提示するのと「10% の死亡率」を提示するのでは，成功の確率を
提示した方が選択されやすいことが示されている（たとえば，Marteau,
1989）。過去の研究から，リスク選択フレーミング効果と属性フレーミン
グ効果は比較的頑健であるようだ。

　目標フレーミングとは，行動や行為のゴールをどのようにフレーミン
グするかに関するものである。ここでは新型コロナワクチンの例で考え
てみる。ポジティブな目標フレーミングの例としては，たとえば「ワク
チンを接種することで，あなたとあなたの家族を新型コロナウイルスか
ら守ることができます」などが考えられる。一方、ネガティブな目標フ
レーミングの例として，「ワクチンを受けなければ、あなたやあなたの

愛する人がウイルスに感染しやすくなり，社会全体の安全が脅かされます」などが考えられる。目標フレーミングについては，ポジティブ・フレームが効果的であるかネガティブ・フレームが効果的であるかについては一貫した結果が得られていないようで，今後さらなる研究が必要である。

### 引用文献

藤井　聡・竹村和久 (2001). リスク態度と注意―状況依存焦点モデルによるフレーミング効果の計量分析，行動計量学，*28*(1), 9-17.

Kahneman, D. (2011). *Thinking, fast and slow.* New York: Farrar, Strauss, Giroux. (村井章子（訳）(2012). ファスト＆スロー――あなたの意思はどのように決まるか？（上），早川書房)

Kahneman, D., & Tversky, A. (1979). Prospect theory: An analysis of decision under risk. *Econometrica, XLVII,* 263-291.

Kahneman, D., & Tversky, A. (1984). Choices, values, and frames. *American Psychologist, 39*(4), 341-350.

Levin, I. P., Schneider, S. L., & Gaeth, G. J. (1998). All frames are not created equal: A typology and critical analysis of framing effects. *Organizational Behavior and Human Decision Processes, 76*(2): 149-188.

Li, Y. J., Kenrick, D. T., Griskevicius, V., & Neuberg, S. L. (2011). Economic decision biases and fundamental motivations: How mating and self-protection alter loss aversion. *Journal of Personality and Social Psychology, 102*(3), 550-561.

Marteau, T. M. (1989). Framing of information: Its influence upon decisions of doctors and patients. *British Journal of Social Psychology, 28*(1), 89-94.

Samuelson, W., & Zeckhauser, R. (1988). Status quo bias in decision making. *Journal of Risk and Uncertainty, 1,* 7-59.

Tversky, A., & Kahneman, D. (1981). The framing of decisions and the psychology of choice. *Science, 211*(4481), 453-458.

Tversky, A., & Kahneman, D. (1992). Advances in prospect theory: Cumulative representation of uncertainty. *Journal of Risk and Uncertainty, 5,* 297-323.

Vohs, K. D., & Luce, M. F. (2010). Judgment and decision making. In R. F. Baumeister & E. J. Finkel (Eds.), *Advanced social psychology: The state of the science.* Oxford, England: Oxford University Press, pp.733-756.

## 第4章

# 異性の誘いを受け入れるかどうかに関する男女の違い

### 1　クラーク＆ハットフィールドの実験

　見知らぬ人から突然デートなどの誘いを受けた場合，人はどのように反応するだろうか。男女で誘いを受け入れるかどうかに違いがあるだろうか。そのような問いに対して，フロリダ州立大学を舞台にクラークらは2度にわたって，大学のキャンパス内でフィールド実験を行った（Clark & Hatfield, 1989；1978年に第1実験，1982年に第2実験が行われた）。

#### ■　1-1　実験方法

　この実験の協力者（＝サクラ）は，実験社会心理学の授業の受講者の男子学生5名と女子学生4名で，平均年齢は22歳。外見は平均的（論文では slightly unattractive to moderately attractive と表現されている）な学生たちである。

　このサクラの学生たちが，キャンパス内で面識のない異性に「あなたのことをキャンパスでみかけていて，とても魅力的な人だなと思っていました」と話しかける。

　その後，次の3つのうちのどれか1つの内容で相手を誘う。「今夜デートしない？」（Would you go out with me tonight?），「今夜うちのアパートに来ない？」（Would you come over to my apartment tonight?），「今夜ベッドを共にしない？」（Would you go to bed with me tonight?）。以降，それぞれデート条件，アパート条件，ベッド条件と呼ぶことにする。

　実験の目的は，これらの誘いをどの程度受け入れるかの男女差を調べることにある。

　実験参加者（ここではサクラの男女に声をかけられた人がそれにあたる）は，第1

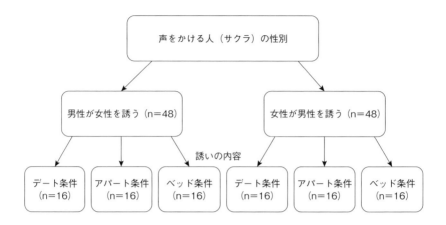

図4-1　実験デザイン（実験参加者間デザイン）

実験と第2実験のどちらも男女それぞれ48名で，図4-1の6つの条件にそれ
ぞれ16名ずつランダム（無作為）に配置された（実験参加者間実験（被験者間実
験））。

　なお，サクラの男女が声をかける相手は各自の判断で決めたが，自分たちが
魅力的だと思った相手に声をかけるように指示されていた。

　以降，第1章と同様に，クラーク＆ハットフィールド（Clark & Hatfield, 1989）
の50頁～51頁で報告されている数値を元にデータを再現し，論文では報告さ
れていない分析結果なども合わせて解説していく。

■ 1-2　実験結果

　表4-1に示すとおり，2回の実験結果はほぼ同じで，顕著な男女差が見て取
れる。いきなり面識のない異性から今夜デートしませんかと誘われた場合に，
男女ともに約半数もの学生が承諾しているという結果はやや意外な感じがする
が，この実験ではより衝撃的な結果が示されている。

　今夜うちのアパートに来ませんかという誘いを受け入れた女性は，第1実験
で6％，第2実験では0％であったが，男性については第1実験，第2実験の
いずれでも68.8％とかなり高い割合になっている。さらに驚くべきは，今夜ベ

表 4-1　2 回のフィールド実験の結果
（$\chi^2$ 検定の結果や効果量 Cramer's V などはこちらで算出した）

| | 1978 年実験結果：%は OK した人の割合 | | | 1982 年結果：%は OK した人の割合 | | |
|---|---|---|---|---|---|---|
| | デート | アパート | ベッド | デート | アパート | ベッド |
| サクラの男性が女性を誘う | 56.3% (9) | 6.3% (1) | 0.0% (0) | 50.0% (8) | 0.0% (0) | 0.0% (0) |
| | Fisher's exact test, $p<.001$, V＝.62 | | | Fisher's exact test, $p<.001$, V＝.63 | | |
| サクラの女性が男性を誘う | 50.0% (8) | 68.8% (11) | 75.0% (12) | 50.0% (8) | 68.8% (11) | 68.8% (11) |
| | $\chi^2=2.37$, $p=.306$, V＝.22 | | | $\chi^2=1.60$, $p=.449$, V＝.18 | | |

論文では小数点以下は記載されていないが，再現データを分析した結果を載せている。また，論文ではすべて $\chi^2$ 検定の結果が記載されているが，「サクラの男性が女性を誘う」条件では「コクランの規則」に抵触するため $\chi^2$ 検定を用いるのは適切ではない。なお，Cramer's V は 2 つの質的変数の関連性の指標の 1 つで値は 0 から 1 の範囲で 1 に近いほど強い関連があることを示す。一応，0.1＝小，0.3＝中，0.5 以上＝大という目安がある。

ッドを共にしませんか（要するにカジュアルセックスの誘い）という非常識にも思われる依頼に男性の 69〜75％がオーケーしている。それに対してこの誘いを受け入れた女性は第 1 実験，第 2 実験のいずれも 0 人であった。

　表 4-1 では，サクラの男性が女性を誘った場合と，サクラの女性が男性を誘った場合別に，分析した結果を載せている。男性が女性に声をかけた場合，デートの誘いには約半数が OK しているのに対して，アパートに来ないかとかベッドを共にしないか，などの誘いに OK を出している女性はほぼ皆無である。

　一方，逆のパターン，すなわちサクラの女性が男性を誘った場合，デートへの誘いより，アパートやベッドを共にする誘惑の方が承諾した人の割合がある程度高くなっている。ただし，この割合の差は統計的には有意ではなく，また効果量 V の値も小さい。従って，パーセントだけを元に判断すると間違った結果の解釈を行ってしまう。たとえば，デート条件よりアパート条件やベッド条件で OK した男性が多かったのは，デートから始める場合，関係を深めるまでいろいろなコストが必要であるが，一夜限りの関係（One night stand）を持つ場合は最初からベッドへの誘いに乗った方がコストが少なくて済む，というような解釈も理屈上では考えられる。実際，次に紹介するタッペら（Tappe et al., 2013）による追実験ではクラークらの実験結果を元に男性の方はベッドへの誘いを最も受け入れるだろうという予測を立てている。

　次に，3 つの条件別に男女差を見てみる。図 4-2 及び図 4-3 に結果をまとめて示しておく。

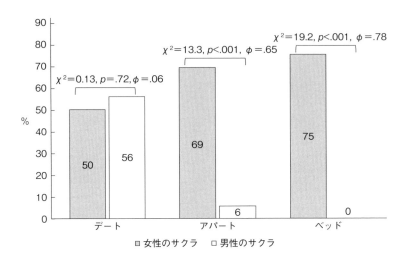

図 4-2　1978 年の実験結果（%は OK した人の割合）

　1978 年および 1982 年のいずれの実験の場合も，デートの誘いを受け入れた人の割合には男女で差が見られない。一方，アパートへの誘いやカジュアルセックスへの誘いには，顕著な男女差が見てとれる。単に統計的に有意というだけではなく，効果量もかなり大きい[1]。

　性的関係を持つことに対する誘いを断った男性について，露骨に嫌な顔をした人もいたようだが，今夜は予定があるからまた次回にとか，今は彼女がいるから残念ながら受けられないなどせっかくのチャンスをものにできないことを残念がった学生も少なくなかったことが報告されている。この結果は，3 章で紹介した配偶者選択をめぐる男女の戦略の違いを反映したものと考えることもできるだろう。

　クラーク＆ハットフィールド（Clark & Hatfield, 1989）の論文は，賛否両論を含め大きな反響を呼び，その後いくつかの追実験が行われている。次節ではそのうちのいくつかを紹介するが，クラーク＆ハットフィールド（Clark &

---

1）なお，再現データを SPSS 及び R で分析した結果と論文に報告されている $\chi^2$ の値が一致しない。ただし，こちらで算出したパーセントは論文の数値と一致する。

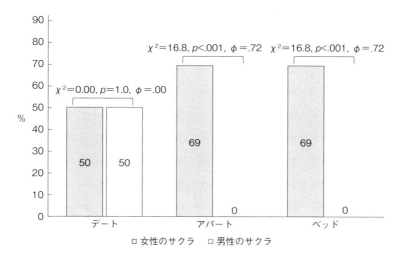

図 4-3　1982 年の実験結果 （%は OK した人の割合）

Hatfield, 2003） によると，クラークが最初に論文をいくつかのジャーナルに投稿した際に，査読者からかなり手厳しい批判を受けたそうである。クラークは一旦論文の掲載を諦めかけたようだが，ハットフィールドの提案をもとに何度か修正を加えたのち，ようやく *Journal of Psychology & Human Sexuality* に採択されることになったそうである。

## 2　クラークらの追実験 1

　ハルドらはデンマークの 4 つの大都市（コペンハーゲンなど）で，クラークらの追実験（フィールド実験）をおこなっている（Hald & Høgh-Olesen, 2010）。この実験では，クラークらの実験でコントロールされていなかった実験結果に影響を与えると考えられるいくつかの要因（たとえば年齢，恋人がいるかどうか，実験参加者によるサクラの女性や男性に対する魅力度評価など）についても調べ，分析ではそれらの要因の影響を統計的にコントロールしている。

## ■ 2-1　実験方法

　実験者が雇ったサクラは女性11名，男性10名で，いずれも心理学を専攻している大学1年生である。二日間のトレーニング期間の後，21名のサクラたちは大学のキャンパスや公園で異性の学生にクラークらの実験と同様の手続きで声をかけ，デートやベッドを共にすることへの誘いを受け入れるかどうかを調査した。実験は2009年5月の第一週に行われた。サクラの男女は合計389人に声をかけたが，その中でこれはドッキリカメラではないかなど，実験に対して不信感を抱いた人や年齢などの情報が得られなかった人がいたため，それらの人たちを除いた348人が分析対象となっている。

## ■ 2-2　実験結果

　論文では表4-2のように結果がまとめられているが，実験参加者（回答者）全体で見た場合，クラークらの実験結果と同様に明確な男女差が見られる。ただし，デンマークでの実験結果では，それぞれの誘いを受け入れた割合は全体的にクラークらの結果より低くなっている。クラークらの実験結果とハルドら（Hald & Høgh-Olesen, 2010）の結果の違いとして，米国とデンマークの文化差や実験が行われた時代の影響など様々な要因が考えられるだろう。

　なお，彼らの分析結果で興味深いのは，実験参加者（回答者）に恋人がいるのかいないのかが，誘いを受け入れるかどうかに大きな影響を与えている点である。これはクラークらのオリジナル実験の分析にはなかった新しい視点である。

　恋人がいる人の場合は，男性でもデート条件，アパート条件，ベッド条件のいずれの誘いについても受け入れた人の割合がかなり低くなっている。一方，恋人なしの人では誘いを受け入れている割合が顕著に高くなっていることがわかる。

　ハルドら（Hald & Høgh-Olesen, 2010）は，階層的ロジスティクス回帰分析をおこなっている。彼らは階層的ロジスティクス回帰分析を行うにあたって，ベッド＝1，アパート＝2，デート＝3と値を割り振り，3つのタイプの誘いを便宜上量的変数として扱っている。しかし，厳密に言えば，順序尺度でしかないこのカテゴリー変数を連続変数として扱うのはいささか問題がある。

　その点はともかくとして，ハルドらは先行研究をもとに女性参加者の場合の

表 4-2　ハルドらの実験結果の一部
(Hald & Høgh-Olesen（2010：456）に掲載されている表を微調整)

| | デート条件 | アパート条件 | ベッド条件 |
|---|---|---|---|
| 回答者全体（N=348） | （N=144） | （N=116） | （N=88） |
| 女性の承諾率 | 20%（80） | **8%（62）** | **2%（54）** |
| 男性の承諾率 | 30%（64） | **22%（54）** | **38%（34）** |
| Cohen's d | 0.23 | 0.41 | 1.11 |
| 恋人ありの人（n=196） | （N=89） | （N=67） | （N=40） |
| 女性の承諾率 | 8%（51） | 0%（38） | 4%（23） |
| 男性の承諾率 | 5%（38） | 7%（29） | 18%（17） |
| Cohen's d | 0.01 | 0.23 | 0.27 |
| 恋人なしの人（n=150） | （N=53） | （N=49） | （N=48） |
| 女性の承諾率 | 43%（28） | 21%（24） | **0%（31）** |
| 男性の承諾率 | 68%（25） | 40%（25） | **59%（17）** |
| Cohen's d | 0.52 | 0.43 | 1.66 |

太字の箇所では男女の承諾率に有意差あり。なお，承諾率の結果が％表示されていることからクロス集計を行ったと思われる。しかし併せて Cohen's d も報告されていることから，誘いを承諾したかどうかを 1 と 0 のダミー変数にして効果量を算出したものと推測される。

み，誘いに乗るかどうかに，サクラの人物に対する魅力度評価が（他の変数の影響をコントロールしても）有意に関連するという仮説を立てている（＝仮説 2 ）[2]が，表 4-3 の結果をみれば明らかなように，女性参加者の場合，サクラの男性に対する魅力度を高く評価しているほど，誘いを受け入れる傾向が高いことがわかる（$B = 0.37$, $p < .05$, オッズ比 = 1.45）。一方，男性参加者ではサクラの女性に対する魅力度評価は有意ではない（$B = 0.07$, $n.s.$, オッズ比 = 1.07）という結果となっている。つまり，仮説 2 の通りの結果となっていることがわかる。

　ハルドら（Hald & Høgh-Olesen, 2010）は，さらに男女問わず，恋人がいるかどうか（いる＝ 0 ，いない＝ 1 のダミー変数）が，実験参加者が誘いを受け入れるかどうかに強い影響力を持っているという仮説（＝仮説 3 ）を立てているが，この仮説も支持されている。男性参加者の場合，$B = 3.00$, $p < .01$, odds ratio =

---

2) なお，仮説 1 はクラークらの結果をもとに，3 つのタイプの申し出を受け入れやすいのは男性の方であるという仮説を立てているが，表 4-2 を見ればわかるとおりこの仮説は支持されている。

表4-3 階層的ロジスティクス回帰分析の結果

| 予測変数 | 男性実験参加者 (n=139) | | | 女性実験参加者 (n=188) | | |
|---|---|---|---|---|---|---|
| | $B$ | SE $B$ | Exp ($B$) | $B$ | SE $B$ | Exp ($B$) |
| 定数 | $-0.84^{**}$ | 0.19 | 0.43 | $-2.00^{**}$ | 0.23 | 0.13 |
| 誘いのタイプ | 0.11 | 0.29 | 1.12 | 1.46 | 0.42 | 4.30 |
| 恋人の有無（無＝1） | **3.00**$^{**}$ | 0.54 | **20.00** | **2.14**$^{**}$ | 0.58 | **8.52** |
| サクラの魅力度 | 0.07 | 0.15 | 1.07 | **0.37**$^*$ | 0.17 | **1.45** |
| 参加者の年齢 | 0.18$^*$ | 0.08 | 1.20 | $-0.01$ | 0.07 | 0.99 |
| 正しく予測できた割合 | 78.4% | | | 89.9% | | |

従属変数：誘いの受け入れ＝1，申し出拒否＝0，
恋人の有無は，有＝0；なし＝1，誘いのタイプは，ベッド＝1；アパート＝2；デート＝3
$^*p<.05$, $^{**}p<.01$；Exp ($B$)＝odds ratio（オッズ比）

20.0，女性参加者の場合も，$B = 2.14$, $p < .01$, odds ratio = 8.52，とオッズ比はかなり大きくなっており，恋人の有無が強い影響力を持っていることがわかる（表4-3参照）。

　このように，ハルドらのフィールド実験は，元になったクラークらの研究では報告されていないいくつかの重要な点を明らかにした点で興味深い研究と言えよう。

　ただ，ハルドら自身が指摘しているようにこの研究にも弱点はある。特に，大学のキャンパスや公園で，まったく見知らぬ人から突然デートを申し込まれたり，カジュアルセックスに誘われるというのはかなり不自然なことではある。サクラの男女が声をかける場所が，たとえばナイトクラブのようなところであったなら，結果はまた異なっていたかもしれない。また，サクラの男女の魅力度がもっと高かったなら[3]，別の結果を生んでいた可能性も否定できない。これらの点については後述する。

---

3）実験参加者による9件法を用いたサクラの魅力度評価得点は，男性（$M = 5.7$, $SD = 1.7$）女性（$M = 6.9$, $SD = 1.4$）と報告されている。

## 3　クラークらの追実験2

　次に，タッペら（Tappe et al., 2013）による追実験を紹介していく。クラークら（Clark & Hatfield, 1989）やハルドらのフィールド実験（Hald & Høgh-Olesen, 2010）に対して，タッペらはハワイ大学の学生を対象に以下に説明するような3つの質問紙実験を実施している。クラークらの実験参加者はフロリダ州の主に白人大学生であったが，タッペらの実験参加者は，人種や宗教などがクラークらの実験参加者よりバラエティに富んだ人たちになっている。

　いずれの実験でも，男女それぞれ40名ずつの顔写真をもとに合成した写真を実験素材として用いている。第1実験と第2実験では男女共に1種類の合成写真のみが使用されている（図4-4参照）。

### ■ 3-1　実験方法

　第1実験では，女性90人，男性27人の合計117人を実験参加者とし，それぞれの参加者に異性の合成顔写真を見てもらい，その相手からたとえばデートへの誘いを受けた場合にどうするかを11段階の尺度（0 = No never ～10 = Yes definitely）で尋ねている。クラークらやハルドらの実験とは異なり，タッペらの第1実験では一人一人の参加者に，クラーク＆ハットフィールド（Clark & Hatfield, 1989）が用いた3つの質問，すなわちデートへの誘い，アパートへの誘い，ベッドへの誘いの3つの誘いすべてについて聞いている。さらに，それぞれの誘いを受け入れるか拒否するかについて，その理由についても尋ねている。

図4-4　タッペら（Tappe et al., 2013）が第1実験および第2実験で用いた刺激の顔

■ 3-2　実験結果

　図4-5に第1実験の結果を示すが，いずれの誘いについても顕著な男女差が見て取れる（Tappeらは男女差を仮説1としている）。分散分析の結果は以下のように報告されている。デート（$F(1, 115) = 9.70, p < .01$），アパート（$F(1, 115) = 80.34, p < .01$），ベッド（$F(1, 115) = 74.75, p < .01$）。

　一方，タッペらは仮説2として，クラーク＆ハットフィールドで見られたように男性の方はベッドへの誘いを最も受け入れるだろうと予測していたが，図4-5に示すようにそのような結果にはなっておらず，男女ともにベッドへの誘いの平均値が最も低くなっている（なお，交互作用は有意ではない）。

　タッペらは第1実験の結果がクラーク＆ハットフィールドで見られたパターンと異なった原因として，実験参加者に3つの誘いすべてについて尋ねたからではないかと考え，第2実験ではクラークらと同様に一人につき，3つの誘いのどれか1つだけを尋ねることにした。実験参加者は女性176人，男性151人の合計327人で参加者の平均年齢は22.69歳であった。参加者は3つの条件にランダムに割り振られている。

　図4-6に示すように，第2実験でも第1実験と似たような結果になっている。

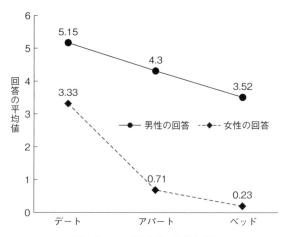

**図4-5　タッペらの第1実験の結果**
（論文では平均値のみ記載されていて標準偏差などが記載されていないためエラーバーは付けていない）

第2実験でも有意な男女差は検出されたが，性別と性的誘いの種類の交互作用は有意になっていない（$F_{(2, 326)} = 0.22$, $p = .81$）

　タッペらは第2実験の参加者から得られた言語反応（誘いを断った理由など）を参考に，第3実験では白人系，黒人系，アジア系の3種類の合成写真を作成し，調査回答者にどれか自分の最も好みの写真の異性から3つのいずれかの誘いを受けた時どうするかを尋ねる実験を行った（図4-7参照）。

　なお，第3実験では，第1～2実験とは異なり，実験参加者に現在付き合っている人がいない状況を想定して回答してもらっている（実際には約半数の参加者に付き合っている相手がいた）。

　図4-8および図4-9に第3実験の結果を示しておく。図4-8にある11件法で誘いに対する反応を聞いた場合には，第1～2実験同様に彼らの仮説通りの結果にはなっていない。

　しかし，タッペらは第3実験でさらに写真の異性が自分と真剣な関係を望んでいると仮定した場合に誘いを受け入れるかどうかについても尋ねている。図4-9の右半分がその結果である。

　この図を見れば明らかなように，相手が真剣な交際を求めていると想定した

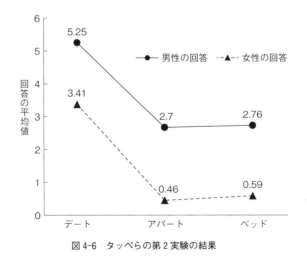

図4-6　タッペらの第2実験の結果

図 4-7　タッペら（Tappe et al., 2013）が第 3 実験で用いた刺激の顔

場合には，男女ともにベッドの誘いを受け入れる割合が有意に高くなっている点は興味深い。特に，男性は，25％から 46.2％に跳ね上がっている。つまり，相手が真剣な交際を求めていると仮定した場合は，クラークらの結果に近いものになっている。女性の場合も，真剣な交際を求めているという想定がない場合は 5％に過ぎなかったが，この想定をした場合は 17.5％まで上がっている。

　いずれにせよ，タッペら（Tappe et al., 2013）の質問紙を使った実験は，クラークら（Clark & Hatfield, 1989）やハルドら（Hald & Høgh-Olesen, 2010）のフィールド実験の結果を補う働きをしていると言えよう。

　なお，ハルドらが指摘しているように，どのような場所で誘われるのかによって誘いに乗るかどうかに違いが出る可能性はあるだろう。従って，そのような要因も統制するとより興味深い研究ができるのではないだろうか。なお，タッペらの質問紙実験では顔写真しか使用していないが，顔以外の要素，たとえば体型なども性的な誘いにのるかどうかに影響すると考えられるため，今後そのような視点も取り入れた研究がなされることが期待される。

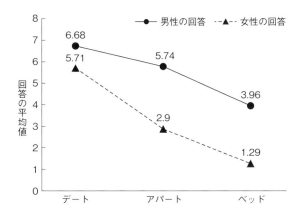

図 4-8　タッペらの第 3 実験の結果（11 件法の場合）

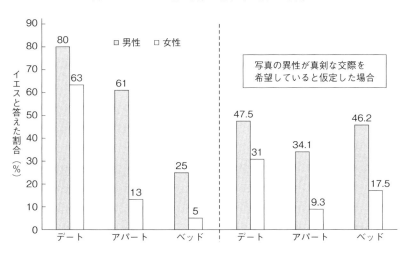

図 4-9　第 3 実験の結果（イエスかノーの 2 件法の場合）

### ■ 4-1 コンリー（Conley, 2011）による追試

先に，サクラの男女の魅力度がもっと高かったなら，別の結果を生んでいいた可能性も否定できないと書いたが，コンリー（Conley, 2011）はこの点にも注意を払って，興味深い実験を行っている。

コンリーによると，クラークら（Clark & Hatfield, 1989）の実験でベッドへの誘いにのるかどうかに明確な性差が見られた理由は，一般に考えられているような参加者（といっても，本人たちは心理学の実験に参加させられていることは知らないのだが）の性別の違いではなく，実験者の性別の方だという。どういうことかというと，カジュアル・セックスのシナリオにおいて，女性と男性では互いに対する認識が異なる，つまり女性の方はベッドに誘ってくる男性を暴力的で攻撃的だと感じる一方，男性の方は，誘ってくる女性に対して好意的に感じている可能性が高い。女性は不愉快で危険を伴うかもしれない性的経験を避けたいので，見知らぬ相手と気軽な性的関係を持つことを避けるが，男性は，女性が楽しい性的パートナーであることを期待しているので，こうした出会いを受け入れやすいのではないかという。

この点に関して，コンリーは実験の中で，バイセクシュアルの女性が男性よりも他の女性とのカジュアルな性的関係を受け入れる可能性が高いかどうかについても調べているが，予想通りバイセクシュアルの女性は男性よりも女性からのカジュアル・セックスの申し出を受け入れる可能性が高かった（女性が誘った場合：$M = 2.37$, $SD = 1.41$；男性が誘った場合：$M = 1.39$, $SD = 0.83$, $t(95.43) = 4.35$, $p = .0001$, $d = 0.89$）[4]。

コンリーの研究では，いくつかの要因がカジュアル・セックスの提案への同意と関連していることが明らかになっている。それらの要因には，誘ってくる相手（実験者）が知り合いかどうか，相手の性的スキルに対する認知，状況の危

---

4) 調査では，参加者に「その夜，暇であったと仮定して，この人との性的な出会いに同意する可能性はどの程度あるか」と尋ね7段階（1 まったく可能性がない～7 非常に可能性がある）で回答を求められた。

険性に対する認知，相手の魅力の評価などが含まれる。これらの要因は，カジュアル・セックスの誘いを経験したことがある参加者にその当時の状況について自由形式の質問を行い詳しく尋ねることを通じて検討している。カジュアル・セックスの誘いを行う人の特徴，特に彼らの危険性や性的スキルの評価は，カジュアル・セックスへの同意と強く関連していることが確認されている。

　コンリーはまた，女性実験参加者が，魅力的な有名人とのカジュアル・セックスを魅力的でない有名人とのカジュアル・セックスよりも受け入れる程度が高いかどうかについても調査している。たとえば，以下のようなシナリオを読んでもらい，いくつかの質問に答えてもらった。

　この例で使われているジョニー・デップは，予備調査の結果から魅力的な有名人男性として選ばれた人物である。同様に，予備調査の結果をもとに，このジョニー・デップの部分を魅力的な女性有名人（たとえばアンジェリーナ・ジョリー）や魅力的でない男性有名人（たとえばドナルド・トランプ）に置き換えて調査を行っている。

> あなたは幸運にも冬休みをロサンゼルスで過ごすことができる。滞在が始まって 1 週間ほど経ったある日，あなたはマリブにある海を見渡せるおしゃれなカフェを訪れることにした。飲み物を飲みながらふと目をやると，俳優のジョニー・デップがすぐ近くのテーブルにいるのに気づく。あなたは自分の目を疑った！　さらに驚いたことに，あなたは彼の目に留まり，近づいてきた。彼はこう言う。「君のことがずっと気になっていて，とても魅力的だと思っている。今夜，僕とベッドを共にしない？」

　誘いに乗るかどうかを「1 まったく可能性がない～7 非常に可能性がある」の 7 段階で聞いたところ，女性がジョニー・デップからの誘いには乗る（$M = 4.09$, $SD = 2.13$）が，ドナルド・トランプからの誘いには乗らない（$M = 1.71$, $SD = 1.61$）程度は，男性がアンジェリーナ・ジョリーの誘いには乗る（$M = 4.16$, $SD = 2.56$）が，ロザンヌ・バーからの誘いには乗らない（$M = 1.43$, $SD = 0.84$）程度とほとんど変わらなかった。つまり，ある条件の下（この場合，魅力的な異性の有名人からの誘い）では，女性も男性と同じようにカジュアル・セックスに興味があることが示された。

コンリーの実験結果が日本を含む他の文化の人々にも当てはまるかどうかは分からないが，男女が異性からの性的誘いを受け入れるかどうかという問題は，クラークらの研究が示しているよりもっと複雑な要因が絡んでいることは確かであろう。

## ■ 4-2　実生活における結果

　ところで，ここまでの話はすべて心理学の実験の一環として実施された研究の成果である。では，実験ではなく実際に初対面の相手から性的誘いを受けた時に人はどのような反応を示すのであろうか。その点について，異性の誘いを受け入れるかどうかに関する実際の事例として，オーストリアの雑誌に掲載された記事内容（Molzer, 2003）を基にクラークらの結果と比較しながら論じている研究（Voracek et al, 2005）について簡単に紹介しておく。ボラチェクら（Voracek et al, 2005）がモルツァー・プロジェクトと呼んでいる日常場面におけるインフォーマルな性的誘いの「実験」（比喩的な意味）では，クラークらのベッド条件に相当する性的誘い（"Do you want to sleep with me?"）を一人の男性ジャーナリスト（20代後半）がドイツの大都市（ベルリン，ハンブルグ，ミューヘン）の空港やホテルのロビー，ショッピングモール，カフェ，バー，公園などで100人の女性に対して行い，雑誌ではその結果について女性の反応などを交えてある程度詳しくリポートされているそうである。ボラチェクらによると，雑誌に載っている写真から判断すると男性の外見的魅力は平均以上とのことである。彼が声をかけた女性の年齢は16歳から50歳であった。そのうち1名はレズビアンで，残りの99人中，男性の誘いを実際に受けた女性が6名いたという。つまり，見知らぬ男性からのカジュアル・セックスへの誘いに6.1%の女性が応じたことになる。ボラチェクらの報告によると，誘いを受け入れた女性の年齢は32歳から50歳で平均36.8歳（$SD = 7.5$），つまり一人を除くと声をかけた男性より年上であったそうである。また，ベッドへの誘いこそ断ったが，その男性とデートしたり，飲みに行くことには興味を示した女性が10名いたそうである。さらに別の3名の女性は自分の電話番号を男性に渡したとも書かれている。

　倫理的観点から考えてもこのような「実験」を日本で行うのは無理があると

思われるため，ある意味で貴重な報告だと言える。

引 用 文 献

Clark, R. D., & Hatfield, E.（1989）. Gender differences in receptivity to sexual offers. *Journal of Psychology & Human Sexuality, 2*(1), 39-55.

Clark, R. D., & Hatfield, E.（2003）. Love in the afternoon. *Psychological Inquiry, 14*(3 & 4), 227-231.

Conley, T. D.（2011）. Perceived proposer personality characteristics and gender differences in acceptance of casual sex offers. *Journal of Personality and Social Psychology, 100*(2), 309-339.

Hald, G. M., & Høgh-Olesen, H.（2010）. Receptivity to sexual invitations from strangers of the opposite gender, *Evolution and Human Behavior, 31*(6), 453-458.

Molzer, K.（2003）. 100 Frauen, eine Frage: Möchten Sie mit mir schlafen? ［100 women, one question: Do you want to sleep with me?］. *Seitenblicke*, June, 66-69.

Tappe, M., Bensman, L., Hayashi, K., & Hatfield, E.（2013）. Gender differences in receptivity to sexual offers: A new research prototype, *Interpersona: An International Journal of Personal Relationships, 7*(2), 323-344.

Voracek, M., Hofhansl, A., & Fisher, M. L.（2005）. Clark and Hatfield's evidence of women's low receptivity to male strangers' sexual offers revisited. *Psychological Reports, 97*(1), 11-20.

第
Ⅰ
部

第
Ⅱ
部

第
Ⅲ
部

## コラム④　マレービアンの法則は本当か？

　コミュニケーションで伝えられるメッセージは，大きく「言語による
もの」と「非言語（パラ言語含む）によるもの」に分けられる。コミュニ
ケーションを通じて伝えられるメッセージについて，言語より非言語的
に伝達される部分の方が大きい場合も少なくないことを示す研究は多い
（たとえば，大坊，1998；工藤，1999）。

　非言語コミュニケーションの手段には，身ぶり手振りや表情，視線
（これらを研究する分野は動作学；kinesics と呼ばれている），縄張り行動やパー
ソナルスペースの取り方（あるいは使い方）（近接空間学；proxemics と呼
ばれる），化粧，衣服，ヘアスタイル（対物学；objectics と呼ばれる）などが
含まれる。

　この非言語コミュニケーションに関して，俗に「メラビアンの法則」
と呼ばれるものがある（Mehrabian は翻訳ではマレービアンと表記されている
が，なぜか一般向けの書籍や WEB サイトではメラビアンと表記されることが多
い）。この用語は，たとえば会議などでのプレゼンテーションに関する
ハウツー本や Web サイト上などで数多く見ることができる。これらの
書籍やサイトではヒトのコミュニケーションにおいては，言語によって
伝達される部分より非言語によって伝達される部分の方が大きく，言語
によって伝達されるのはメッセージの 7 ％にしか過ぎず，93％は非言語
によるもの（視覚情報 55％ + 聴覚情報 38％）だという。

　常識的に考えて，コミュニケーションの内容全般について言語の重要
性が 7 ％で，93％は非言語によるものであるという考えはおかしいこと
はわかるはずであるが，このような間違った考えが広く行き渡っている
理由は，マレービアン（Mehrabian, 1971）のが著書の中で以下のような等
式を紹介しているためであると思われる（Mehrabian, 1971, 訳書, 1986：98）。

---

感情の統計
　　＝言語による感情表現 + 声による感情表現 + 顔による感情表現
　　　　　　7 ％　　　　　　　　38％　　　　　　　　55％

---

　しかしこの本をよく読めば，この等式はあくまで目安に過ぎず，また
どのようなコミュニケーション内容にも適用できるわけではないことが
わかるはずである[1]。では，そもそもマレービアンはどのようにして，
このような等式を導き出したのであろうか。

　実は，マレービアンは 2 つの比較的単純な実験からこの割合を導き出
している（Mehrabian & Wiener, 1967；Mehrabian & Ferris, 1967）。書籍や
WEB サイト上であたかも確立した心理学の法則としてこの等式を紹介
している人たちは，都市伝説とも言える（Lapakko, 2007）この単純化さ
れた割合（ 7 % – 38% – 55%）がどのようにして導き出されたのかにつ
いて知らないのだろう。

　1 つ目の実験（Mehrabian & Wiener, 1967）では単語のニュアンス（ ＝ ど
のような感情を表す言葉なのか）とその単語が発話されるトーンという 2
つの要因に注目し，単語の意味と声のトーンに矛盾がある場合に，人は
どちらの要素の方を重視して話し手の感情を判断するのかを調べている。

　この実験では，まず 15 個の単語のニュアンス（肯定的，中立的，否定
的）について 45 人の学生に尋ね，その結果から以下に示す 9 つの単語
を選択し，実験素材として用いている。

---

好感（liking）を表す言葉として「honey」「dear」「thanks」の 3 単語
中立（neutrality）的な意味を表す言葉を表す言葉として「maybe」
「really」「oh」の 3 単語
嫌悪（disliking）を表す言葉を表す言葉として「don't」「brute」
「terrible」の 3 単語

---

　この 9 つの単語を，二人の女性に架空の聞き手に対して 3 つの異なる
トーン（ポジティブ，ニュートラル，ネガティブ）で発話してもらい，録音

---

1 ) ただし，マレービアンは「この等式中の数値は近似値にしか過ぎないが，言葉，
　　声の調子，そして表情の三者間における重要度の順位は，今後の実験において
　　も変わることはないであろう」（Mehrabian, 1971, 訳書, 1986：98）と書いて
　　おり，マレービアン自身がこの等式が拡大解釈される原因を作っているとも
　　言える。

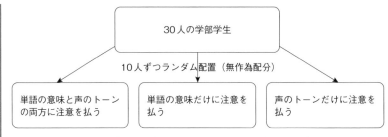

図1　マレービアンら（Mehrabian & Wiener, 1967）の実験デザイン

した音声を学部生 30 人に聞いてもらった。図1に示すように，30 人の学生たち（実験参加者）は 10 人ずつ3つの条件にランダムに配置された。

　それぞれの条件に割り当てられた学生たちは，女性が単語を読み上げている相手にどのような態度で発話しているのかを，－3（ネガティブ）から＋3（ポジティブ）の範囲で判断してもらった。

　1つ目の条件に割り当てられた学生は，単語の意味と女性の声のトーンの両方に注意を払いながら，2つ目の条件に割り当てられた学生たちは，声のトーンは無視して単語の意味だけに注意を払いながら，3つ目の条件に割り当てられた学生は単語の意味は無視して女性の声のトーンだけに注意を払って判断してもらった。その際，学生たちには，9つの単語，3つの異なるトーン，2人の女性という 9 × 3 × 2 の 54 パターンについて，それぞれ女性の態度について判断してもらった。

　ここでは結果の詳細について述べないが，結論を言うと，女性の態度を推測してもらうにあたって単語の意味と声のトーンのそれぞれが独立の効果を持っていることが判明したが，声のトーンと単語の意味が矛盾している場合（たとえば thanks という単語を嫌そうに発話するなど）には，声のトーンの方が単語の意味より強い影響を持っていることが示された。なお，この第1実験では「単語の意味と声のトーンの比較」しかしていない点には注意が必要である。

　2つ目の実験（Mehrabian & Ferris, 1967）では，声のトーンと顔の表情という2つの要素のうち，どちらが他者の感情を読み取ることに影響が

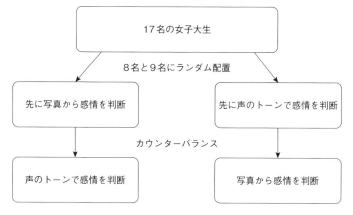

図2 マレービアンら（Mehrabian & Ferris, 1967）の実験デザイン

強いかを検証することを目的として実験を行っている（なおこの実験では参加者は全員女性である，図2参照）。

　最初に，事前に用意した15個の単語の中で25名の実験参加者から最も中立的と判断された「たぶん（maybe）」という語を実験素材に選定した。このmaybeという単語を3人の女性に「好意を伝える」「中立的」「嫌悪を伝える」という3つの異なる口調（トーン）で2回ずつ繰り返してもらい，それを録音して17名の実験参加者に聞いてもらい，それぞれの音声から発話者（上の3名の女性）はどのような気持ちで（架空の）聞き手に発話していると思うかを，－3（嫌悪）から＋3（好意）の範囲で判断してもらった（参加者は，女性3名の2回の繰り返し音声及び3つの異なる口調，つまり3×2×3の18のパターンについてそれぞれ女性の態度（感情）について判断している。

　また，実験参加者には「好意を伝える」「中立的」「嫌悪を伝える」という3つの異なる感情を表現した3名の女性の顔写真を見てもらい，その女性がどのような感情を伝えようとしているのかも推測してもらった。なお，写真と音声の提示の順序効果を相殺するためカウンターバランスをとっている。

　この17人の実験参加者の結果から，声のトーンと顔の表情は女性の

表1　実験参加者20名分の実験結果

| 声のトーン | 顔の表情 | | |
|---|---|---|---|
| | 好意 | 中立 | 嫌悪 |
| 好意 | 2.45 | 1.31 | − 0.91 |
| 中立 | 1.33 | 0.50 | − 1.62 |
| 嫌悪 | 0.20 | − 1.07 | − 2.47 |

女性の感情評定は−3（嫌悪）から＋3（好意）というス
ケールで判断されている。

　感情の推測にそれぞれ独立の効果を持っていることが判明した。また，
この実験結果をもとに続く実験では2人の女性の録音された音声，2人
の女性の顔写真が選ばれ，新たに20名の実験参加者が，録音された声
のトーンおよび女性の顔写真の両方の組み合わせから，会話の相手に対
する女性の感情を推測するよう求められた。なお，この参加者たちは，
音声と写真の情報を同時に提示されている（結果は表1）。

　実験の結果，表1に示すように，録音された声のトーンよりも写真の
方がより女性の感情を推測する際に影響が大きいことがわかる。

　しかし，注意して欲しいのは，この第2実験でも「声のトーンと顔の
表情の比較」しかしていない点である（また使用された言葉がmaybeだけ
という点も重要であろう）。マレービアンら（Mehrabian & Ferris, 1967）は実
験結果から女性の感情を推測するにあたって声のトーンと顔の表情の交
互作用は認められなかったとし，推測された態度(− 3［非好意的］〜 ＋ 3
［好意的]）について次のような回帰式：$A_T = 1.50A_F + 1.03A_V$ を提示
（Mehrabian and Ferris, 1967：251）し，データ全体の分散のうち44.4%は
顔の表情，19.3%が声のトーンで説明できるとしている。

　この論文の最後に，第1実験の結果と合わせて，その後有名となった
7％ – 38% – 55%の割合のもとになる以下のような記述がある。

言葉，声のトーン，そして顔の表情による態度の同時伝達の複合効果は，それぞれ独立した効果の重み付き和であることが示唆される——各係数はそれぞれ .07，.38，.55 である（Mehrabian & Ferris，1967：252）。

It is suggested that the combined effect of simultaneous verbal, vocal, and facial attitude communications is a weighted sum of their independent effects — with the coefficients of .07, .38, and .55, respectively.（原文）

　しかし，どのようにしてこの比率が導き出されたのかについての詳細な説明はなされていない。そもそも単語の意味，声のトーン，顔の表情の影響を同時に調べる実験を行ったわけではないのに，このように定式化することには無理があると思われる。

　マレービアンは自身のサイトで自分たちの実験結果を拡大解釈しないよう注意を呼びかけているが，実験結果の拡大解釈が一人歩きするようになったきっかけは上の定式化にあると言える。

言語的メッセージおよび非言語的メッセージの相対的重要性に関するこれらの方程式は，感情や態度（つまり好き嫌い）のコミュニケーションを扱った実験から導き出されたものであることには注意が必要である。コミュニケーターが自分の感情や態度について話していない限り，これらの方程式は適用できない。（Mehrabian, 2016）

"Please note that this and other equations regarding relative importance of verbal and nonverbal messages were derived from experiments dealing with communications of feelings and attitudes (i.e., like-dislike). Unless a communicator is talking about their feelings or attitudes, these equations are not applicable".（原文）

**引用文献**

大坊郁夫（1998）．しぐさのコミュニケーション―人は親しみをどう伝えあうか（セレクション社会心理学），サイエンス社．

工藤　力（1999）．しぐさと表情の心理分析，福村出版．

Lapakko, D.（2007）. Communication is 93% nonverbal: An urban legend proliferates, *CTAMJ, 34*, 7-19.

Mehrabian, A.（1971）. *Silent messages*. Wadsworth.（西田　司ほか（訳）（1986）．非言語コミュニケーション，聖文社）

Mehrabian, A.（2016）. "Silent messages": A wealth of information about nonverbal communication（body language）〈http://www.kaaj.com/psych/smorder.html〉（2023 年 12 月 8 日最終アクセス）

Mehrabian, A., & Ferris, S. R.（1967）. Inference of attitudes from nonverbal communication in two channels. *Journal of Consulting Psychology, 31*(3), 248-252.

Mehrabian, A., & Wiener, M.（1967）. Decoding of inconsistent communications. *Journal of Personality and Social Psychology, 6*(1), 109-114.

## 第5章

# 男性は女性のどこを見ているのか

## 1 ウエストとヒップの比率（WHR）に関する研究

ヒトの配偶者選択の研究者たちは，男女で繁殖戦略（生物が子孫を残すしくみ）が異なる点に注目している。一般に，女性は自分の子供を育てていくための資源を十分に担保できる男性を選ぶことによって子孫を残す確率が高まるが，一方男性は生殖能力が高く子供をもうけられる可能性が高い特性を持った女性を選ぶ傾向にあるとされている。男性の繁殖価（reproductive value）は基本的には社会的地位から判断できるが，女性の場合は男性ほど簡単には判断できない。従って，男性は女性の繁殖価（受精率）について身体的魅力などを手がかりに間接的に評価することになる。進化論をベースにしたヒトの配偶者選択に関する理論では，身体的魅力が概ね女性の繁殖価を反映しているとみなしている（Buss, 1989；Singh, 1993）。

また，女性の繁殖価は若さと強い相関があるため，男性は一般に若い女性に魅力を感じる傾向がある。若さは健康状態や生殖力の指標になっているためである。

配偶者選択においてどのような条件を重視するかについて 33 か国（37 の文化的地域）を対象に調査した研究（Buss, 1989）や 53 か国を対象に調べた比較文化的研究（Lippa, 2007）は，ほとんどの国で男性の方が女性より外見的魅力を重視することが明らかになっている。

では，男性が女性の身体的魅力を判断する基準は何であろうか。女性の身体に関して，文化の違いによらない普遍的な判断基準はないと言われるが，脂肪の付き方には男女差や年齢差があり 10 代前半から中年後半くらいの年齢の間に男女差が最も顕著になると言われている。肥満かどうかは，ウエストとヒップの比率（WHR = waist-to-hip ratio）を見ることによってある程度判断できる。

WHR は女性の繁殖能力や健康状態を示す指標となっている（Singh, 1993）。

シン（Singh, 1993）は女性の身体的魅力と WHR の関係について 3 つの研究を通じて調査している。1 つ目の調査では、ミスアメリカ・コンテストの受賞者や男性向けの雑誌プレイボーイの中央見開きページに載っている写真の女性モデルの WHR を時系列的に調べている。分析の結果として、ミスアメリカ・コンテストの受賞者では、WHR が 0.68 から 0.71 と時期を追って若干の増加傾向が見られたが、プレイボーイのモデルでは 0.72 から 0.69 とやや減少傾向にあった。いずれにしても、過去 1 世紀ほどの間、ミスコンや雑誌のモデルに見られる米国人女性の理想の体型は、WHR が 0.68 から 0.72 の範囲にあることが判明した。

しかし、このことから直ちに男性は WHR が 0.68 から 0.72 の女性を魅力的と感じていると断定はできない。当然ながら、WHR 以外の要素も女性の魅力度に影響する要因は多々ある。そこで、シン（Singh, 1993）は第 2 の研究として以下に解説する実験を行って、WHR の重要性を確認した。第 2 節ではシン（Singh, 1993）の有名な実験、第 3 節ではシン＆ヤング（Singh & Young, 1995）による追実験の詳細な解説を行う。また、第 4 節ではシン（Singh, 1993）の実験を発展させた後続研究をいくつか紹介していく。

## 2　シンの第 1 実験の概要

### ■ 2-1　実験参加者
18 歳から 22 歳の男子学生 106 名（白人 72 名およびヒスパニック系 34 名）で、学部の授業の一環としてボランティアでこの実験に参加した。

### ■ 2-2　実験刺激
図 5-1 に示すような WHR（0.7, 0.8, 0.9, 1.0 の 4 パターン）と体重（細め、標準、太めの 3 パターン）の 2 つの変数を操作して 4 × 3 の 12 体の女性の線画を作成し、実験に用いている。なお、線画の女性は身長約 165 cm を想定し、体重については、細めは約 41 kg（90 ポンド）、普通は約 54 kg（120 ポンド）、太めは約 68 kg（150 ポンド）という想定になっている。

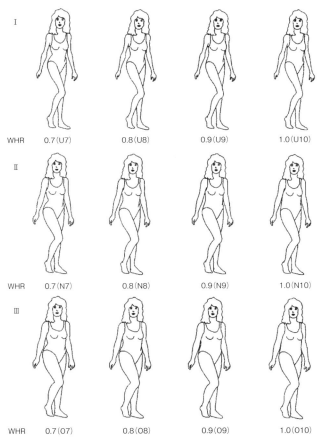

図 5-1　シン（Singh, 1993）で用いられた 12 体の線画

(図の中の WHR が 0.7 とはウエストとヒップの比率が 7 対 10 という意味。0.8〜1.0 も同様である。また，カッコ内の U, N, O はそれぞれ Underweight（細め），Normal weight（標準），Overweight（太め）の略である)

## ■　2-3　実験の手順

　実験に使用する予定の 12 体の女性の線画について，まず上で説明したような研究者の想定どおりに，実験参加者が正しく体重評価できるかどうか（つまり，研究者が，細め・標準・太めと見做している線画を男子学生もそのように見なすかどうか）について，72 名の男子学生を対象に予備調査を行い，妥当性を確認している。その後，実験参加者の男性に，年齢，身長，体重，信仰している宗教，

実験参加者は18歳から22歳の男子学生106名（白人72名およびヒスパニック34名）
学部の授業の一環（受講条件）としてこの実験に参加

まず予備調査として，図に示すようなWHR（ウエストとヒップの比率）と体重の二つの変数
を操作している12体の女性の線画について，研究者の想定どおりに評価者が体重評価できる
かどうかの妥当性を確認した

実験参加者の男性には，年齢，身長，体重，信仰している宗教，人種を尋ね，図にある12体
の女性の線画（イラスト）について最も魅力的と思うものから，最も魅力的でないと思うも
のまでの順位付けをしてもらった

次に，この12体の女性の線画について，健康状態，若さ，セクシーさ，生殖能力の高さなど
について，最もそう思うもの上位3つと最もそう思わないもの下位3つをランク付けしても
らった

図5-2　シン（Singh, 1993）の研究の大まかな流れ

人種などを尋ね，図5-1にある12体の線画について，最も魅力的だと思うも
のから最も魅力的でないと思うものの順位付けをしてもらった。さらに，この
12体の線画について，健康的かどうか，若そうかどうか，魅力的か，セクシー
か，生殖能力が高いかなどについて，最もそう思うもの上位3つと最もそう思
わないもの下位3つをランク付けしてもらった（図5-2参照）。

　なお，実験参加者に線画を順位付けしてもらうにあたって，カバーストーリ
ー（実験の目的）として以下のように伝えている。

近年の研究で，全身が写った写真を見るだけで人は写真の人物のパーソナ
リティをかなり正確に判断できることが示されている。この研究は，体型
とパーソナリティの関係を調査した先行研究の結果を再現できるかどうか
を確認するためのものだが，ここでは写真の代わりに線画を用いても同様
の結果が得られるかどうかを調べることを目的としている。

　図5-1にある線画は1枚の用紙に載せて実験参加者に見てもらったが，線画を

並べる順番をランダムに変えた2つの異なるパターンを用意して使用している。

### ■ 2-4　実験結果

　シン（Singh, 1993）は得られたデータに対して様々な分析を行っているが，ここでは図5-3に示した分析結果を紹介しておく[1]。前述したとおり，12体の線画について，1位から12位のランク付けをしてもらうやり方に加えて，最も魅力的と感じたもの上位3つと，最も非魅力的と感じた下位3つを回答してもらっている。図5-3は，最も魅力的と感じた線画の第1位に選ばれた線画のパーセントおよび最も魅力的でない（つまり最下位）に選ばれた線画のパーセントをWHRおよび体重別に比較して棒グラフにしたものである。

　結果を見ると，標準体重の線画が最も魅力的と評価される傾向にあることは

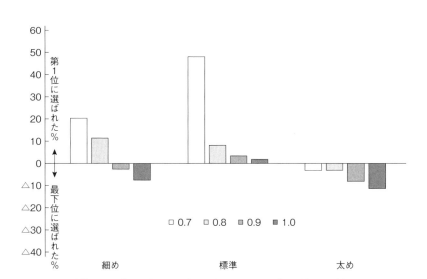

図5-3　最も魅力的と感じた線画および最も魅力的でないと感じた線画の割合 （Singh, 1993）

---

1) 分析に先立ち，白人の実験参加者とヒスパニック系の実験参加者の間に線画のランク付け評価に違いないかどうかを確認している。また，実験参加者の男性のBMIと線画のランク付けの関連もチェックしている。いずれも関連は見られなかったため，人種別やBMI別の分析結果は報告されていない。

一目瞭然であるが，より重要な点として，標準体重の中でも WHR が低いほど
より魅力的と判断される割合が高くなっていることがわかる。同様に，細めの
体型についても WHR が低いほどより魅力的と判断される傾向が見て取れる。
太めの体型の線画については WHR にかかわらず魅力的とはみなされず評価自
体が低いが，この体重の線画の場合も，WHP が高いほどさらに魅力度が下が
る（＝最下位に選ばれる割合）傾向にあった。全体として，標準体重で WHR が
0.7 の線画（図 5-1 の N7）が最も魅力度評価が高く，次に細め体重で WHR が
0.7 の線画（図 5-1 の U7）が続いている。また，標準体重の場合，N10（つまり
WHR が 1.0）の線画を除いて，他の 3 つの線画を最下位（最も非魅力的）に選ん
だ評価者は一人もいなかった。

　若い女性の間では痩せていることを称賛する傾向が強く，実際多くの女性が
ダイエットに励んでいるような状況（これは日本でも同様である）を考えると，シ
ン（Singh, 1993）は細めの体重より標準体重の線画の方がより魅力的であると
評価された結果は予想外であったとしている[2]。

　12 体の線画に対する他の特性評価（健康的かどうか，若そうかどうか，魅力的か，
セクシーかなど）についても，同様の分析を行っているが，概ね上で説明した魅
力度に対する評価と同様，標準体重で WHR が低い線画ほどどの特性について
も評価が高いこと，また細めの体重でも WHR が低い線画ほど評価が高い傾向
にあった。また，魅力度評価と健康度の認知の間には強い関連が見られた。つ
まり，魅力的と判断された線画の女性ほど，健康的であると見なされていたわ
けである。

　シン（Singh, 1993）は，さらに学生とは異なる年齢の男性も同様の評価をする
のかどうかを確かめるため，25 歳から 85 歳の男性を実験参加者とした追実験
を行っているが，線画に対する評価は男子大学生の場合と，基本的には変わら
ないという結果であった。たとえば，どの年齢層でも，標準体重で WHR が
0.7 の線画が最も魅力度評価が高く，また健康的とみなされる割合と強く関連

---

2）シンのこの感想は女性が痩せるためにダイエットに励む理由として，異性の目を意識
　していることを暗に前提としている。しかし，女性の痩身願望は必ずしも男性を意識
　しているからではなく，同性の視線や自分に対する自信による部分も無視できない。

していた。

　なぜ WHR の値が低い，すなわちウエストとヒップの比率が低い女性の方が
より魅力的と判断されるのだろうか。理由の1つとして，女性の体の中で妊娠
中に最も大きく変化する場所がウエストであるため，ウエストが細い（≒ WHR
の値が低い）ということは，その女性が妊娠していないことを示すシグナルに
なっていることが考えられる。子孫を残すという生物学的観点から考えると，
男性は妊娠しているかもしれない（≒ WHR の値が高い）女性をわざわざ配偶者
として選択することはしないであろう。また，WHR の値が低い女性ほど健康
的であると見做されている点も，健康的であるほど繁殖能力が高いという事実
を考えると納得がいく。

　もちろん，言うまでもなく男性はウエストとヒップの比率のみを手がかりに
して相手を選んでいるわけではない。他の様々な要素も相手を選ぶ際には重要
となってくる。しかし，シン（Singh, 1993）は WHR が，男性の配偶者選択の過
程において不健康な女性や繁殖能力が低そうな女性をフィルターにかける働き
をしているのではないかと推測している。

## 3　シン＆ヤングの追試の概要

　1993 年の論文以降，シンは同様の研究を多数発表している。その中で，1993
年の論文と同様に女性の線画を用いた実験（Singh & Young, 1995）について，簡
単に紹介しておく。

　前述のとおり，男性は女性のどこを見て魅力度を判断しているのかについて，
WHR と体重の2つの変数をコントロールした最初の実験（Singh, 1993）では，
ウエストとヒップの比（WHR）が7：10（もしくは 0.7）の女性が最も魅力的だと
判断されることがわかった。シン＆ヤング（Singh & Young, 1995）では，その研
究を拡張して，第1実験では図 5-4 のような線画を用いて，WHR と細めか太
めかに加えて，バストが小さめか大きめかという要因を加えてシン（Singh,
1993）と同様の実験を行っている[3]。

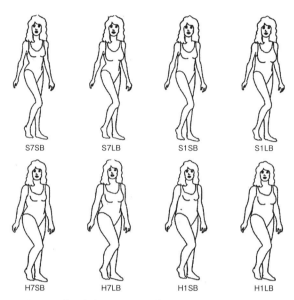

S7SB   S7LB   S1SB   S1LB

H7SB   H7LB   H1SB   H1LB

**図 5-4　第 1 実験で用いられた線画**（Singh & Young, 1995）

（図の中で S（slender＝細め），H（Heavy＝太め），7＝WHR 0.7，1＝WHR 1.0，SB（small breasts＝小さめのバスト），
LB（large breasts＝大きめのバスト）を示す）


## ■ 3-1　実験デザイン

　この実験の参加者は，101 名の男子大学生（平均年齢 20.85 歳）で，実験参加者
の男性の平均 BMI は 22.83（*SD* = 3.91）であった。シン（Singh, 1993）と同様，
女性の線画を用い体重（細め vs. 太め）× WHR（0.7 vs. 1.0）× バストサイズ（小さ
め vs. 大きめ）の 3 つの変数を独立変数としている。


## ■ 3-2　実験手続き

　シン（Singh, 1993）では線画の女性の魅力度などについてランク付けを行っ
てもらったが，この実験では，参加者の男性に図 5-4 の 8 つの線画それぞれに
ついて 0（least）～ 20（most）というスケールを用いて，8 つすべての線画の女

---

3）第 2 実験では，WHR が 0.7 の線画だけを使ってバストとヒップの大きさを操作した
　　実験も行っている。

性の魅力度，健康度，女性らしさ，優しさについて評定してもらった。それ以外にも，それぞれの線画の女性とカジュアルで短期的な男女関係および長期的で真剣な男女関係をどれくらい持ちたいと思うかを 0（least willing）〜20（very willing）というスケールで評定してもらった。さらに，線画の女性の年齢についても推定してもらっている。

なお，8 体の線画はすべて 1 枚の紙の上に描かれていて，すべての線画を同時に見ながら評定を行ってもらった。

### ■ 3-3　実験結果の概略

ここでは，多くの分析結果の中で，まずイラストの女性に対する魅力度について多少詳しく見ていく。体重（細め vs. 太め）× WHR（0.7 vs. 1.0）× バストサイズ（小さめ vs. 大きめ）を独立変数，女性に対する魅力度を従属変数とした 3 要因分散分析の結果，それぞれの要因の主効果およびボディサイズと WHR（$F$ = 26.36, $p < .01$），ボディサイズとバストサイズ（$F = 10.63$, $p < .01$）の交互作用が有意であったが，バストサイズと WHR の交互作用（1 次の交互作用）および 3 要因の 2 次の交互作用（体重 × WHR × バストサイズ）は有意ではなかった。図 5-5 に示すとおり，細めのイラスト女性の方が，太めのイラスト女性より，WHR が 0.7 の方が WHR 1.0 より，また大きめのバストサイズの方が小さめの

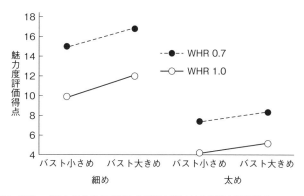

図 5-5　WHR，体重，バストの大きさ別にみる線画女性に対する魅力度評価 (Singh & Young, 1995)

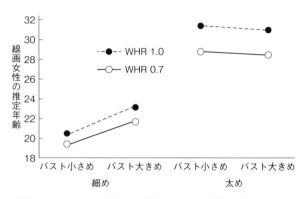

図 5-6　WHR，体重，バストの大きさ別にみる線画女性に対する推定年齢 (Singh & Young, 1995)

バストサイズより魅力度が高いという結果であった。また，太めで WHR 1.0 の線画女性が最も魅力度評価が低かった。

　バストサイズにかかわらず，WHR 0.7 の線画が WHR 1.0 のイラストより魅力度評価が高いが，これは細めか太めかによらず同じ傾向である。

　線画の女性の健康度や女性らしさに対する評価も，魅力度に対するものとほぼ同様の結果が得られている。さらに，線画の女性のような相手と短期的ないしは長期的な男女関係を持ちたいと思うかどうかについても，概ね図 5-5 に示したのと同じようなパターンが見られている。

　なお，線画の女性の推定年齢は，細めでバストが小さめの場合，WHR により若干の違いはあるがだいたい 19 歳から 21 歳くらい，細めでバストが大きめの場合も WHR により多少の違いはあるがだいたい 23 歳から 24 歳くらいと推測されている。一方，太めの線画の場合は，WHR 1.0 の場合の推定年齢は，バストサイズによらず 31〜32 歳，WHR 0.7 の場合は 29 歳くらいという結果で，年齢の推定には，体重（細めか太めか）が最も強く影響していた（図 5-6 を参照）。

　ちなみに，シン（Singh, 2002）は WHR の低さが女性の魅力につながっていることが現代特有のものでないことを明らかにするため，いくつかの文化における古代の彫刻や小像の WHR を調べ，現代との類似点について言及している（Singh, 2002）。彫刻や小像にはデフォルメされているものがかなり多く，WHR

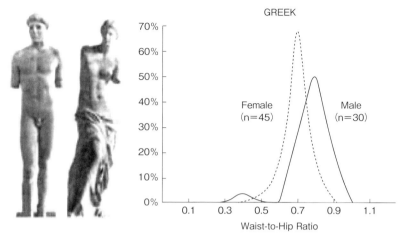

図 5-7　古代ギリシャの彫刻に見られる WHR の男女差 (Singh, 2002 : 88)

が 0.7 よりかなり低いものも少なくないが，たとえば古代ギリシャの彫刻に関しては，図 5-7 に示すように女性の WHR の最頻値は WHR が 0.7 のものである。エジプトの場合もほぼ類似の結果が示されている。

## 4　後続の研究の紹介

　シンの研究は多くの研究者に注目されることになり，様々な追実験が行われている。その中にはシンの研究に対する反論も少なくない。

　たとえば，トビーら（Tovée & Cornelissen, 2001；Tovée et al., 1999；Tovée et al., 1998）は男性が女性の体型的魅力を判断する際，WHR より BMI の方がより重要な要因となっていると指摘している。

　また別の研究者は（Tassinary & Hansen, 1998）はシン（Singh, 1993）の研究で用いられていた線画は WHR と体重が交絡しており実験刺激として妥当ではないとし，独自に体重（軽い，標準，重い），ウエストサイズ（スモール，ミディアム，ラージ），ヒップサイズ（スモール，ミディアム，ラージ）の 3 つを微妙に調整した 27 体の線画を用いて実験を行い，シンの WHR 仮説に反論を試みている（図 5-8 参照）。ここでは結果の詳細の説明は省くが，彼らは WHR と体型に対する

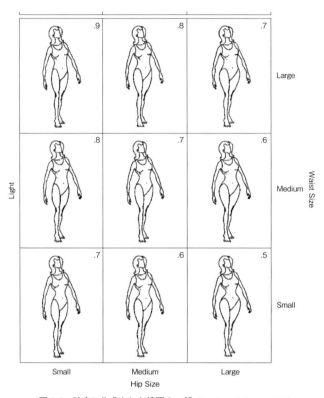

図 5-8　独自に作成された線画の一部 (Tassinary & Hansen, 1998)

魅力度評価はシンが指摘するほど単純ではなく，線画の女性に対する魅力度評価や生殖能力評価と WHR との関係はヒップサイズ，ウエストサイズ，体重の違いによりかなり異なった結果となり，明確な関連は見出せなかったと報告している。ただし，彼らが用いた線画は図 5-8 に示すとおりシン（Singh, 1993）が用いたものより不自然なのは否めない [4]。

　こうした問題に対して，やや不自然とも言える線画ではなく，実際の人物の写真をフォトショップなどを用いて加工し刺激として用いることで，よりリア

---

4) 彼らに限らず，その後の研究で用いられた独自に作成された線画には実験刺激としてあまり妥当とは思えないものが少なくない。

ルな形での実験を行っている研究も存在する（たとえば Henss, 2000；Streeter & McBurney, 2003）。

### ■ 4-1　写真を用いた追試

　顔の知覚研究の領域では，顔の線画を用いた場合と実際の写真を用いた場合で，結果が大きく異なることが知られている（Leder, 1996）。このように顔認知に関する研究で明らかになっているように線画を用いる研究については，生態学的妥当性の問題が付きまとう[5]。線画を用いたそれまでの研究に対して，ヘンス（Henss, 2000）は図 5-9 のような女性の写真 6 名分を用いて，WHR と魅力度との関連を調べている。

　図 5-9 の真ん中の写真がオリジナルのもので，モーフィングソフトを用いて

図 5-9　ヘンス（Henss, 2000）が実験で用いた写真の一例（表 5-1 の 1 番目の女性）(The pictures are downloadable from the Internet. For instructions contact the author.)

表 5-1　ヘンス（Henss, 2000）の研究で用いられた 6 人の女性の WHR

| ウエストサイズ | 1人目 | 2人目 | 3人目 | 4人目 | 5人目 | 6人目 |
|---|---|---|---|---|---|---|
| 細め | 0.74 | 0.73 | 0.68 | 0.72 | 0.71 | 0.68 |
| オリジナル | 0.77 | 0.76 | 0.70 | 0.79 | 0.76 | 0.72 |
| 太め | 0.82 | 0.81 | 0.71 | 0.85 | 0.80 | 0.74 |

（刺激の女性の WHR）

6人の女性のいずれも真ん中の写真がオリジナルで，モーフィングソフトでウエストを調整。

---

5) この問題は，WHR に関する研究に限らず，ボディ・イメージに関する研究についても言える。詳細は 6 章のコラムを参照のこと。

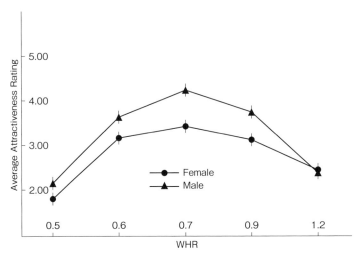

図5-10　ストリーターらの実験結果の一部

ウエストのサイズを調整したと述べている。ただ，図5-9の写真を見比べても
WHRの差はあまりはっきりしない。他の5人についても同様で，実際，論文
で報告されているWHRは表5-1のように6名の女性のいずれもあまり差が見
られない。線画ではなく，実際の人物の写真を用いた点はそれまでの先行研究
の持つ欠点を補う役目は果たしていると思うが，WHRと魅力度の関係を調べ
るという目的には，実験の刺激としての写真のWHRの幅が狭すぎると思われ
る。

　一方，ストリーターら（Streeter & McBurney, 2003）は一人の女性の写真をフ
ォトショップを用いてウエスト，ヒップ，バストの3ヶ所を調整し，合計27
枚の写真を作成して女性38人，男性57人の合計95人の実験参加者に魅力度
などを評定させている。また彼らの研究では，WHRを0.5から1.2までとそ
れまでの研究より幅を広くとっている[6]。彼らは実験を行う際，1枚1枚の写
真を別々に実験参加者に提示し，それぞれの写真の女性に対する魅力度を評定
してもらっている。なお，彼らは27枚の写真の提示順序をランダムにするこ

6）残念ながら，彼らの論文には刺激の写真は載っていない。

とで，順序効果を相殺する工夫も行っている。図5-10に実験結果の一部を示しておく。この図を見れば分かるとおり，性別にかかわらずWHRが0.7の写真が最も魅力的と評価されている。

　写真を用いたストリーターらの実験研究の結果は，概ねシンの研究結果を支持するものとなっている。女性の体型の魅力度評価指標としてWHRとBMIのどちらがより重要なのかという問いに対して，ストリーターらはBMIも重要な指標であることを認めつつ，トビーらの批判に対して，WHRとBMIのどちらがより重要かという問題ではなく，BMIが（ほぼ）同じ女性の場合，WHRが0.7の体型が最も魅力的と評価されるという点が重要なのだとしている。

　また，身体とくに顔の左右対称性が高いほど魅力的と判断されることが知られているが（e.g. Rhodes, 2006），ストリーターらと同様に線画ではなく女性の写真を用いて，左右対称性の揺らぎ（fluctuating asymmetry = FA）とWHRとの関係について調べた研究（Perilloux et al., 2010）では，BMIの影響もコントロールしながらFAとWHRは女性の魅力度評価にそれぞれ独自の影響力を持っていることを明らかにしている。

　なお，WHR = 0.7の体型が最も魅力的という研究結果を複数の実験が示したからといって，必ずしもその基準が文化の違いに関係なく人類共通の判断基準というわけではない点も指摘しておく必要がある。たとえば，ある研究では中国人の男性はWHRが0.6の体型を最も好むことを見出している（Dixson et al., 2007）。一方，狩猟採集民族であるタンザニアのハッザの住民たちを対象に行われた研究ではWHRが0.7より大きい女性の方がより魅力的と判断されると報告されている（Wetsman & Marlowe, 1999）。ハッザのような未開部族では先進国の住民ほど食糧事情が良いわけではなく，絶えず飢餓のリスクを抱えているため，くびれがはっきりした体型より脂肪のついた体の方がより生殖力が高いと判断されるためではないかと考えられている。アンダーソンらの62の文化を対象にした研究でも，食糧事情が安定していない文化ではぽっちゃり体型の女性が好まれることが報告されている（Anderson et al., 1992）[7]。

　ここまでシンの研究を中心に，WHRの比率が女性の魅力度判断に重要な影響を持っていることを示す研究のいくつかを紹介してきた。前述のとおり，先進国の多くでWHR = 0.7の女性が最も魅力的と判断されることが示されてき

たが，言うまでもなく女性の魅力度を決める要因は WHR だけではない。今後，実験刺激となる女性の体型をより自然なもの（たとえば 3 次元の写真など）を使った研究が必要だと思われる。

### ■ 4-2　ミスインターナショナル日本代表の WHR（参考資料）

参考までに，2018 年のミスインターナショナル日本代表のファイナリストたちの体型に関するデータを示しておく。表 5-2 にあるとおり，8 名のファイナリストたちの公式プロフィールにある数値は，平均で WHR が 0.71 である。残念ながら体重のデータは公開されていないので，BMI は算出できないが，シ

表 5-2　Miss International Japan 日本代表選出大会 2018 のファイナリストのデータ（公式ページに掲載されている数字）
〈https://www.miss-international.org/jp/2018/contestants/〉（2024 年 1 月 7 日最終アクセス）

| ID | 身長 | バスト | ウエスト | ヒップ | WHR |
|----|------|--------|----------|--------|------|
| 1 | 168 | 78 | 63 | 85 | 0.74 |
| 2 | 170 | 82 | 60 | 88 | 0.68 |
| 3 | 173 | 82.5 | 62 | 86 | 0.72 |
| 4 | 173 | 89 | 67 | 90 | 0.74 |
| 5 | 169 | 81 | 63 | 91 | 0.69 |
| 6 | 176 | 87 | 63 | 96 | 0.66 |
| 7 | 171 | 83 | 63 | 88 | 0.72 |
| 8 | 176 | 82 | 64 | 91 | 0.70 |
| 平均 | 172 | 83.1 | 63.1 | 89.4 | 0.71 |

---

7) WHR だけでなく BMI に関しても類似の研究結果が報告されている。先進国においては，とりわけ若年女性の間でスリムな体型への憧れが強く，痩せすぎとされる BMI ＜ 18.5 未満の女性の割合が高くなっている。先進国においては，痩せていてスリムな体型を理想とする人が多いのに対して，発展途上国では BMI が 18.5 未満の痩せ体型の人は，ダイエットによってそのような体型になったのではなく，食糧事情の関係で痩せてしまっているのである。従って，日々の食糧事情が厳しい発展途上国においては，痩せ型ではなくふくよかな体型の女性の方が好まれる傾向にあることがわかっている。

ンの WHR ＝ 0.7 が最も魅力的と判断されているという主張をある意味裏付け
るデータとなっている。

## 引用文献

Anderson, J. L., Crawford, C. B., Nadeau, J., & Lindberg, T. (1992). Was the Duchess of windsor right? A cross-cultural review of the socioecology of ideals of female body shape, *Ethology and Sociobiology, 13*(3), 197-227.

Buss, D. M. (1989). Sex differences in human mate preferences: Evolutionary hypotheses tested in 37 cultures. *Behavioral and Brain Sciences, 12*(1), 1-49.

Dixson, B. J., Dixson, A. F., Li, B., & Anderson, M. J. (2007). Studies of human physique and sexual attractiveness: Sexual preferences of men and women in China, *American Journal of Human Biology, 19*(1), 88-95.

Henss, R. (2000). Waist-to-hip ratio and female attractiveness. Evidence from photographic stimuli and methodological considerations. *Personality and Individual Differences, 28*(3), 501-513.

Leder, H. (1996). *Linienzeichnungen von Gesichtern. Verfremdung im Gesichtsmodul.* [Line drawings of faces distortions in the face module]. Bern: Huber.

Lippa, R. A. (2007). The preferred traits of mates in a cross-national study of heterosexual and homosexual men and women: An examination of biological and cultural influences, *Archives of Sexual Behaviors, 36*(2), 193-208.

Perilloux, H. K., Webster, G. D., & Gaulin, S. J. C. (2010). Signals of genetic quality and maternal investment capacity: The dynamic effects of fluctuating asymmetry and waist-to-hip ratio on men's ratings of women's attractiveness. *Social Psychological and Personality Science, 1*(1), 34-42.

Rhodes, G. (2006). The evolutionary psychology of facial beauty. *Annual Review of Psychology, 57,* 199-226.

Singh, D. (1993). Adaptive significance of female physical attractiveness: role of waist-to-hip ratio. *Journal of Personality and Social Psychology, 65*(2), 293-307.

Singh, D. (1994a). Is thin really beautiful and good? Relationship between waist-to-hip ratio (WHR) and female attractiveness. *Personality and Individual Differences, 16*(1), 123-132.

Singh, D. (1994b). Ideal female body shape: Role of body weight and Waist-to-hip ratio. *International Journal of Eating Disorders, 16*(3), 283-288.

Singh, D. (1994c). Waist-to-hip ratio and judgment of attractiveness and healthiness of female figures by male and female physicians. *International Journal of Obesity, 18*(11), 731-737.

Singh, D. (1994d). Body fat distribution and perception of desirable female body shape by young Black men and women. *International Journal of Eating Disorders,*

*16*(3), 289-294.

Singh, D. (1995). Female health, attractiveness and desirability for relationships: Role of breast asymmetry and Waist-to-hip ratio. *Ethology and Sociobiology, 16*(6), 465-481.

Singh, D. (2002). Female mate value at a glance: Relationship of waist-to-hip ration to health, fecundity and attractiveness. *Neuroendocrinology letters, 23*(4), 81-91.

Singh, D., & Luis, S. (1994). Ethnic and gender consensus for the effect of Waist-to-hip ratio on judgment of women's attractiveness. *Human Nature, 6*(1), 51-65.

Singh, D., & Young, R. K. (1995). Body weight, Waist-to-hip ratio, breasts and hips: Role in judgments of female attractiveness and desirability for relationships. *Ethology and Sociobiology, 16*(6), 483-507.

Streeter, S. A., & McBurney, D. H. (2003). Waist-hip ratio and attractiveness: New evidence and a critique of a "critical test". *Evolution and Human Behavior 24*(2), 88-98.

Tassinary, L. G., & Hansen, K. A. (1998). A critical test of the Waist-to-hip ratio hypothesis of female physical attractiveness. *Psychological Science, 9*(2), 150-155.

Tovée, M. J., & Cornelissen, P. L. (2001). Female and male perceptions of female physical attractiveness in front-view and profile. *British Journal of Psychology, 92*, 391-402.

Tovée, M. J., Maisey, D. S., Emery, J. L., & Cornelissen, P. L. (1999). Visual cues to female physical attractiveness. *Proceedings of the Royal Society of London B: Biological Sciences, 266*(1415), 211-218.

Tovée, M. J., Reinhardt, S., Emery, J. L., & Cornelissen, P. L. (1998). Optimum body-mass index and maximum sexual attractiveness. *The Lancet, 352*(9127), 548.

Wetsman, A., & Marlowe, F. (1999). How universal are preferences for female waist-to-hip ratios? Evidence from the Hadza of Tanzania. *Evolution and Human Behavior, 20*(4), 219-228.

## 第6章

# テレビがボディ・イメージや食行動に及ぼす影響に関する研究

## 1 はじめに

　近年，日本やその他の先進国では，若い女性の中で過度の痩身願望や体型への不満が高まり，それが不健康な食行動を引き起こすケースが増加している。

　発展途上国に比べて先進国で痩身願望や摂食障害が広がっている原因の1つに文化的な要因が考えられている。文化的な要因の1つにメディア，とりわけテレビの影響が考えられる。多くの先進国では，テレビに登場する女性はスリムで痩せ体型の人物が多く，欧米をはじめ多くの国でテレビが痩身願望や摂食障害に及ぼす影響に関する研究が盛んに行われてきた[1]。

　これまで国内外で行われてきた数多くの研究で，女性のボディ・イメージや痩身願望・体型不満に対して，テレビや雑誌などのマスメディアが一定の影響を与えていることが指摘されている (Grabe et al., 2008；López-Guimerà et al., 2010)。近年，SNSなどのソーシャルメディアが与える影響も考慮する必要があることが指摘されているが，テレビなどの既存のマスメディアの影響はいまだに無視できないと思われる[2]。

---

1) 日本でも，テレビのCMや女性向けのファッション誌の記事・広告では「痩せ」のメッセージが一層強調され，新しいダイエット商品が頻繁に市場に登場している。テレビに映る若い芸能人やタレントの多くは細身で，ファッション誌のモデルも非常に痩せているのが一般的である。
2) しかし，若年女性の痩身願望や体型不満に影響を及ぼす要因として，メディアの影響より友人や家族などからの痩せることへのプレッシャーの方が重要だとの指摘もある (Ferguson et al., 2011)。

そうした中，ベッカーら（Becker et al., 2002）のテレビが導入されて間もないフィジーのナドロガ（Nadroga）に住んでいる思春期女子を対象に行った調査は，テレビの影響を実証した研究として広く知られている。彼らの調査結果は，テレビが若年女性のボディ・イメージや摂食障害に大きな影響力を持っていることをデータで示した研究として研究論文のみならず一般向け書籍などでも頻繁に引用されている。

ベッカーらによると，フィジーではテレビが導入される前までは，痩せた女性よりガッチリした体型（ただし肥満ではない）の女性が理想とされており，沢山食べることが推奨されていた。また，それまで摂食障害と診断される女性も皆無に近かった（1990年代半ばまでに拒食症患者の報告は1名のみ）。そのため，多くの先進国に見られるスリムでなくてはいけないというプレッシャーは事実上存在していなかった。また，スリムになるためのダイエットやエクササイズの習慣もほとんどなかった。

### ■ 2-1 調査方法

そのため，ベッカーらはテレビを通じて痩身女性が多く登場する西洋の番組を見ることがフィジーの少女たちにどのような影響を与えるのかを，テレビ導入直後と導入3年後の2回に渡り調査を実施した。

具体的には，1回目の調査はナドロガにテレビが導入されて間もない（導入後1ヶ月以内）1995年に実施，2回目の調査は少女たちがテレビを見るようになって3年が経過した1998年に実施された。

調査対象者は1995年調査で63名，1998年調査は65名であった。調査は，質問紙を用いた量的調査とインタビューを用いた質的調査の両方を組み合わせて実施されている。

質問紙調査では，EAT-26（Eating Attitudes Test-26；Garner et al., 1982；邦訳版として馬場・坪井, 1993がある），テレビの所有の有無，テレビ視聴頻度などについて尋ねている。また身長と体重についても測定している。加えて2回目の調査では，自身のボディ・イメージやダイエットの有無などについても調査し

ている。

　また，半構造化インタビューを用いて，自分の体重についてどう思うか，アメリカのテレビ番組についてどう思うか，テレビはフィジーの文化的伝統に影響を与えていると思うかなどについて質的データも収集している。なお，彼らの調査はパネル調査ではなく，1 回目と 2 回目の調査協力者は異なる女性たちである点には注意が必要である。

### ■ 2-2　調査結果

　調査結果についてみていくと，テレビ導入後 3 年で状況は大きく変化し，ベッカーらによると 1998 年調査の回答者では 69％がダイエットしたことがあると回答，また 74％が自分は太りすぎていると感じたことがあると答えている。これは，ガッチリ体型を理想とするフィジーの伝統的価値観とは異なるものである。

　EAT-26 について，「いつも」を 3 点，「非常にひんぱん」を 2 点，「しばしば」は 1 点とし，「ときどき」，「たまに」，「まったくない」は 0 点とし，合計得点を算出するという手続きが提唱されている（Garner et al., 1982）。一般に，合計得点が 20 点以上の場合を摂食障害に関する臨床群の可能性が高い者と判定する。

　図 6-1 に 1995 年調査時と 1998 年調査時の調査回答者の EAT-26 のスコアが 20 以上の者の割合および体重コントロールのために食べたものを吐くことがある者の割合の比較をしているが，この図を見ればわかるとおり，テレビ導入後に EAT-26 のスコアが 20 以上の割合が有意に高くなっている（12.7％ vs. 29.2％，$\chi^2 = 5.25$, $df = 1$, $p = .030$）。さらに，1995 年当時は体重コントロールのために食べたものを吐くことがある者は皆無であったが，1998 年には回答者の 11.3％がそのような行為を行ったことがあると回答している（$\chi^2 = 6.95$, $df = 1$, $p = .013$）。

　この結果だけ見ると，テレビの導入により，欧米諸国の情報が手に入るようになり，ガッチリした体型よりスリムな体型の方が理想的であるという価値観が急速に広まったように見える。ベッカーらはこうした結果から，テレビの影響力を強調している。

第Ⅰ部

第Ⅱ部

第Ⅲ部

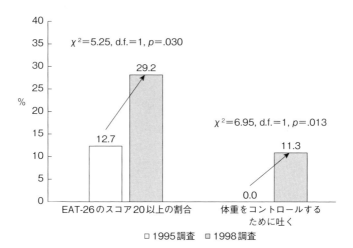

図 6-1　1995 年調査時と 1998 年調査時の調査回答者の EAT-26 のスコアが 20 以上の者の割合お
よび体重コントロールのために食べたものを吐くことがある者の割合の比較
（ベッカーらの論文（Becker et al., 2002）中にあるデータから筆者が作成）

　しかし，一方でベッカーらの調査結果を見ると 1995 年調査時と 1998 年調査
時の回答者の間に BMI の数値に有意差は見られず，いずれの調査年においても，
調査回答者の BMI が肥満のカテゴリーに分類される BMI = 25 にかなり近い
値になっている（図 6-2）。

　つまり，テレビ導入後もフィジーの若年女性がそれまでより痩せ体型になっ
たわけではないことがわかる。ベッカーらが主張するように，もしテレビに映
し出されるスリムな女性に憧れてフィジーの少女たちがダイエットに励み，痩
せようとしたのなら，1995 年と 1998 年で BMI の平均値に差がないのは理屈
に合わないことになる。

　また，先述したとおり，彼らの調査はパネル調査ではないため，EAT-26 の
スコアが 20 以上の割合が 29.2% であった 1998 年調査の回答者が，1995 年の
時点でどうであったかも不明である。1995 年調査と 1998 年調査の結果の比較
で，後者の方が EAT-26 のスコアが 20 以上の割合が有意に高いからといって，
それが直ちにテレビの影響によるものと断定はできない。さらに，ベッカーら
自身が指摘しているように，1995 年のテレビ導入以前からフィジーでは映画，

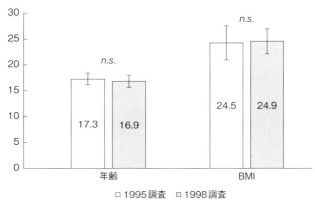

図 6-2　1995 年調査時と 1998 年調査時の調査回答者の年齢および BMI の比較
（ベッカーらの論文中（Becker et al., 2002）にあるデータから筆者が作成）

ビデオ，印刷メディアなどを通じて欧米の情報は入ってきていたという事実も，テレビだけの影響かどうかの判断を難しくしている。

　様々な理由により実施できなかったのであろうが，理想的には 1995 年と 1998 年で同一の女性を対象にパネル調査が行われていればテレビの影響についてより正確に捉えることができたはずである。さらに，彼らの研究で調査回答者がいずれの調査年においても 60 人台とかなり少ない点も気になるところである。

　なお，前述したようにベッカーら（Becker et al., 2002）は質問紙調査による量的研究に加えて，半構造化インタビューを用いた質的研究も行っている。半構造化インタビューの結果については，ベッカーら（Becker et al., 2002）では補足資料としてごく簡単にしか紹介されていないが，インタビュー調査の結果についてはベッカー（Becker, 2004）が詳しく報告している。

　ここでは，インタビュー調査の結果に関する詳細には触れないが，たとえばアメリカの人気テレビ番組の登場人物の体型やサイズへの憧れを示すような回答（自分もあんな風にスリムな体型になりたいとか，自分の友人たちもテレビの登場人物の体型に憧れているなど）やテレビの登場人物をロールモデルのように受け止めている回答など（たとえば，登場人物たちが仕事をしているときの振る舞い方や服装

などを参考にしようと思っている），インタビュー調査の回答からもフィジーの少女たちが様々な形でテレビから影響を受けていたことが示されている。

## 3　ベッカーらの後続研究

### ■ 3-1　ベッカーらによるさらなる研究

　ベッカーらのチームは 2007 年に再びフィジーの少女たちを対象に調査を行っている（Becker et al., 2011）。これまでテレビなどの映像メディアが若年女性の食行動に悪影響を及ぼしていることが多くの実験研究や調査研究によって明らかにされてきたが（Grabe et al., 2008；López-Guimerà et al., 2010），ベッカーら（Becker et al., 2011）によると実験研究でも質問紙を用いた相関研究でも，メディアの直接的影響は測定しているものの間接的な影響を測定しているものは見当たらないという。また，メディアと痩身願望や摂食障害に関する研究が行われてきた国々では，映像メディアの遍在性ゆえに多くの若年女性が多かれ少なかれ映像メディア（とりわけテレビ）の影響を受けており，実験や調査でその影響を検出することは容易ではないと指摘している。

　そこで，ベッカーらは 2007 年調査でマスメディアとりわけテレビの影響について，個人の視聴頻度などの違いによる直接的な影響のみならず，友人などとの社会的ネットワークを経由した間接的影響についても調べている。このメディアの間接的影響という視点は先行研究では十分に考慮されてこなかった重要な視点である。これまでテレビなどの映像メディアを通じて痩身理想の内在化（Tompson et.al., 2004）が生じることが示されてきたが，ベッカーらは友人たちとの社会的ネットワークを通じて（テレビの直接的影響とは別に）間接的に痩身理想という価値観を学習している可能性があると指摘している。

### ■ 3-2　調査内容及び調査結果の概要

　彼らが調査を行った 2007 年時点で，調査対象となったフィジーの地域ではまだテレビや携帯電話を持っている家庭は限定的であったため調査対象としては打ってつけであった。2007 年調査では，15 歳から 20 歳のフィジーの若年女性 523 人を対象にしている。サンプルサイズは以前の調査（Becker et al., 2002）

に比べて格段に多くなっている。このうち 81 人には，調査の約 1 週間後に再
検査法により調査項目の信頼性も確認している。

　この 2007 年調査で最も重要な従属変数（目的変数）は「摂食障害検査アンケ
ート（Eating Disorder Examination Questionnaire（EDE-Q））」尺度のスコアである。
スコアは 0～6 の範囲の量的変数であるが，ベッカーらはスコアが 2.41 以上
（上位 4 分の 1）の回答者とそれ未満の回答者の 2 つのカテゴリーに分割した分
析も別途行っている。また，メディアの影響を測定するという目的で
Sociocultural Attitudes Towards Appearance Questionnarire-3（SATAQ-3：
Tompson et al., 2004）の得点も分析に組み入れている。

　独立変数（説明変数）として，複数の項目を用いてメディア接触について尋ね
ている。直接的接触としては，「1 週間に平均何日くらいテレビあるいはビデ
オを視聴しているか（スコアは 0 から 7 の範囲）」および「自宅に以下の機器はあ
るか――(i) テレビ及び（あるいは）ビデオ，(ii) CD プレーヤーもしくは MP3
プレーヤー，(iii) インターネットアクセス，および (iv) 携帯電話」。これら 4
項目の合計得点（スコアは 0 から 4 の範囲）を家庭における電子メディア・アク
セス・スコアとしている。

　間接的メディア接触に関する質問としては，「自分の両親が 1 週間に平均何
日くらいテレビを視聴しているか（スコアは 0 から 7 の範囲)」という質問に加え
て「社会的ネットワークにおけるメディア接触」に関する質問も尋ねている。
これについては「一番親しい友人のうちの何人，またそれぞれの学校の女子生
徒のうち何人が，自宅でテレビ，ビデオデッキ，または DVD プレーヤーを持
っているか」[3]という 2 つの項目について「1 = 誰も持っていない～ 4 = 全員
持っている」という 4 件法で尋ねた項目の平均値を使用している。この研究に
おける重要な独立変数をこのような質問文と選択肢で測定していることの妥当
性にはいささか疑問を感じざるを得ないが，その点はさておいて分析結果の一
部を簡単に紹介しておく。表 6-1 に示すように，調査データの分析の結果，テ
レビの影響は直接的なものより間接的な影響の方がより重要であったことが報
告されている（B = 0.15, 95% CI 0.04～0.27；なお EDE-Q スコアが 2.41 以上とそれ未満

---

3）これは調査法で言うダブルバーレル質問（二重質問）の例と言える。

表 6-1　EDE-Q スコアを従属変数とした重回帰分析の結果の一部 (Becker et al., 2011)

| | 係数 | SATAQ-3 を<br>媒介変数とした場合<br>係数 |
|---|---|---|
| 基本属性など | | |
| 　年齢 | 0.01 | 0.00 |
| 　BMI | 0.14*** | 0.13*** |
| 　都市部の学校かどうか | − 0.12 | − 0.12 |
| メディア接触 | | |
| 　個人のテレビ視聴頻度 | − 0.01 | − 0.02 |
| 　家庭における電子メディアへのアクセス | − 0.00 | − 0.01 |
| 　両親のテレビ視聴頻度 | 0.03 | 0.02 |
| 社会的ネットワークを通じたメディア接触頻度 | 0.15* | 0.10(*) |
| 文化的指向 | | |
| 　西洋文化への指向 | 0.20*** | 0.13** |
| 　フィジーの伝統的文化指向 | − 0.08* | − 0.05 |
| 　家族の海外渡航経験 | 0.13 | 0.14(*) |
| メディアの影響 | | |
| SATAQ-3 (23 項目による修正版のスコア) | | 0.41*** |

論文 (p. 46) では、個々の変数についての単回帰分析の結果や係数の 95%信頼区間なども記載されているがここでは
割愛した。
(*)p < 0.10, p < 0.05, p < 0.01, p < 0.001.

の 2 つのカテゴリー変数にした場合のロジスティック回帰分析ではオッズ比=1.60,
95%CI 1.15~2.23 と報告されている)。

　ベッカーら (Becker et al., 2011) の分析結果が示すように,若年女性の摂食障
害にメディアが与える影響は一般に考えられているほど単純ではなく,彼らが
指摘するようにメディアの間接的影響にもっと注意を払う必要があるだろう。
また,今後の研究ではメディア以外の様々な影響要因も十分に考慮に入れてい
く必要がある。

　なお,ベッカーら (Becker et al., 2011) 自身が指摘しているように,彼らの研
究が行われたのはテレビが導入されて間もないフィジーというかなり特殊な状
況であったため,彼らの分析結果が他の文化や別の時代へも一般化できるかど

うかについては慎重に検討する必要があるだろう。

## 引 用 文 献

馬場謙一・坪井さとみ（1993）．EAT-26 の有効性，厚生省特定疾患神経性食思不振症調査研究班平成 4 年度研究報告書，80-86.

Becker, A. E. (2004). Television, disordered eating, and young women in Fuji: Negotiating body image and identity during rapid social change. *Culture, Medicine and Psychiatry, 28*(4): 533-559.

Becker, A. E., Burwell, R. A., Herzog, D. B., Hamburg, P., & Gilman, S. E. (2002). Eating behaviours and attitudes following prolonged exposure to television among ethnic Fijian adolescent girls. *The British Journal of Psychiatry, 180*(6), 509-514.

Becker, A. E., Fay, K. E., Agnew-Blais, J., Khan, A. N., Striegel-Moore, R. H, & Gilman., S. E. (2011). Social network media exposure and adolescent eating pathology in Fiji. *The British Journal of Psychiatry, 198*(1), 43-50.

Ferguson, C. J., Winegard, B., & Winegard, B. M. (2011). Who is the fairest one of all? How evolution guides peer and media influences on female body dissatisfaction. *Review of General Psychology, 15*(1), 11-28.

Garner, D. M., Olmsted, M. P., Bohr, Y., & Garfinkel, P. E. (1982). The eating attitudes test: Psychometric features and clinical correlates. *Psychological Medicine, 12*(4), 871-878.

Grabe, S., Ward, L. M., & Hyde, J. S. (2008). The role of the media in body image concerns among women: A meta-analysis of experimental and correlational studies. *Psychological Bulletin, 134*(3), 460-476.

López-Guimerà, G., Levine, M. P., Sanchez-Carracedo, D., & Fauquet, J. (2010). Influence of mass media on body image and eating disordered attitudes and behaviors in females: A review of effects and processes. *Media Psychology, 13*(4), 387-416.

Thompson, J. K., Berg, P. V. D, Roehrig, M., Guarda, A. S., Heinberg., L. J. (2004). The sociocultural attitudes towards appearance scale-3 (SATAQ-3): Development and validation. *International Journal of Eating Disorder, 35*, 293-304.

　これまで多くの研究で，シルエット図を用いて調査対象者のボディ・イメージを測定することが行われてきた。その中で，最も頻繁に用いられてきたものの1つにトンプソン＆グレー（Thompson & Gray, 1995）のContour Drawing Rating Scale（CDRS）がある（図1）。CDRS は最も痩せているシルエット図から最も太っているシルエット図まで9体のシルエット図から構成されている。

　当然ながら，9体のシルエット図は厳密には等間隔とは言えないが（Wertheim et al., 2004），CDRS のシルエット図は一つひとつの図の間隔が概ね等しく作成されており，CDRS の信頼性や妥当性に関する研究結果（たとえば Gardner & Brown, 2010；Wertheim et al., 2004）を見ても多くの研究で十分に使用可能なものであると判断されている。

　しかし，CDRS の弱点の1つとして，ガードナー＆ブラウン（Gardner & Brown, 2010）はシルエット図（イラスト）の顔が欧米人風であることなどを上げている。この点を克服するために，スワミら（Swami et al., 2010）はシルエット図の顔やヘアスタイルなど見かけ上の人種の影響を最小限にするために，オリジナルの CDRS の改良版を作成している。

　サイトウら（Saito & Izumi, 2018）はスワミら（Swami et al., 2010）の改良版を利用し，調査回答者には9つのシルエット図について「今の自分

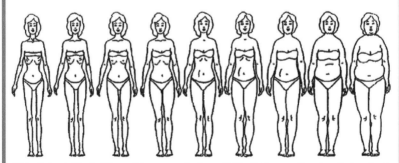

図1　トンプソン＆グレー（Thompson & Gray, 1995）の Contour Drawing Rating Scale（CDRS）

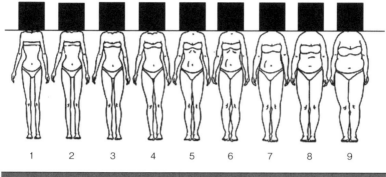

| BMI<br>(SD) | 16.3<br>(1.04) | 17.4<br>(1.39) | 18.1<br>(1.05) | 19.2<br>(1.28) | 20.2<br>(1.39) | 20.9<br>(1.83) | 22.4<br>(1.77) | 23.6<br>(2.64) | 28.7<br>(5.50) | $p<.001$,<br>$\eta^2=.61$ |
|---|---|---|---|---|---|---|---|---|---|---|
| | % | % | % | % | % | % | % | % | % | |
| 現在の<br>自分 | 1.9 | 6.7 | 8.8 | 22.7 | 23.2 | 16.8 | 10.7 | 6.1 | 3.1 | M=5.0,<br>SD=1.8 |
| 理想の<br>体型 | 3.1 | 23.8 | 44.5 | 23.2 | 4.4 | 0.9 | 0.0 | 0.0 | 0.0 | M=3.1,<br>SD=0.9 |
| 女性の<br>理想 | 9.2 | 44.7 | 33.7 | 9.1 | 2.7 | 0.5 | 0.2 | 0.0 | 0.0 | M=2.5,<br>SD=0.9 |
| 男性の<br>理想 | 3.3 | 14.4 | 37.3 | 29.8 | 13.0 | 1.9 | 0.2 | 0.2 | 0.0 | M=3.4,<br>SD=1.1 |

$F=564.77, p<.001, \eta^2=.47$

図2　スワミら（Swami et al., 2010）の改良版および「現在の自分の体型」,「自分の理想の体型」,「女性が理想と思う体型」,「男性が理想と思う体型」別にみた選択されたシルエット図の割合

の体型に一番近いと思うのは何番か」,「自分が一番理想とする体型に近いのは何番か」,「同年代の女性が理想と考えているとあなたが思う体型は何番か」,「同年代の男性が最も魅力的に感じると思う体型は何番か」の４つのケースについて回答を求めている[1]。

---

1)　東京都在住の 18 歳〜 22 歳の女性（大学生に限定せず，社会人女性も含めた）を対象に 2017 年 2 月にインターネットを利用したオンライン調査を実施した。最終的に 638 人（平均年齢 20.55 歳，$SD = 1.22$）から回答を得た。このオンライン調査データの分析結果の一部はサイトウら（Saito & Izumi, 2018）に掲載されている。ただし，ここに載せている図表は紙幅の関係で論文中には載せていないものである。

まず，図2に現在の自分の体型に最も近いと思うシルエット図（1か
ら9まで）を選んだ回答者ごとのBMIの平均値および標準偏差を示して
いる。この図をみれば分かるとおり，痩せたシルエット図から太めのシ
ルエット図とBMIの平均値とには直線的な正の相関があり，細めのシ
ルエット図を選んだ回答者ほどBMIの平均値は低かった。同様に，太
めのシルエット図を選んだ回答者ほどBMIの平均値が高い傾向にあっ
た。このことは，シルエット図とシルエット図の間は，厳密には等間隔
とは言えないまでも，CDRSがある程度正確に回答者のボディ・イメー
ジを測定できていることを示している。

　また図2には，現在の自分の体型，自分の理想の体型，女性が理想と
思う体型，男性が理想と思う体型別にどのシルエット図が選択されたか
の割合も示してある。

引用文献

Gardner, R. M., & Brown, D. L. (2010). Body image assessment: A review of figural drawing scales. *Personality and Individual Differences, 48*(2), 107-111.

Saito, S., & Izumi Barton, S. (2018). Ideal body image assessment among Japanese women. *Basic and Applied Social Psychology, 40*(1), 1-5.

Swami, V., Frederick, D. A., Aavik, T., Alcalay, L., Allik J., et al. (2010). The attractive female body weight and female body dissatisfaction in 26 countries across 10 world regions: Results of the international body project I. *Personality and Social Psychology Bulletin 36*(3), 309-325.

Thompson, M. A., & Gray, J. J. (1995). Development and validation of a new body-image assessment scale. *Journal of Personality Assessment, 64*(2), 258-269.

Wertheim, E. H., Paxton, S. J., & Tilgner, L. (2004). Test-retest reliability and construct validity of contour drawing rating scale scores in a sample of early adolescent girls. *Body Image, 1*(2), 199-205.

# 第III部

## 恋愛に対する自然科学からのアプローチ

# 第7章

# 恋愛に関する fMRI を使った実験

## 1 はじめに

　古今東西，ヒトは恋愛を題材にした音楽，小説・詩，絵画などを作り続けてきた。時代を超えて語り継がれる文学や多くの人に共感を与える歌詞には心の機微に触れるものも多い。そう考えると，恋愛とは他の動物には見られない極めて人間的な営みであるように思われる。しかし，近年の脳科学的恋愛研究からは，恋愛について意外な事実が明らかになってきた。

　第1章で解説した揺れる吊り橋実験の著者の一人であるアロンを筆頭著者とした，ヘレン・フィッシャー（Helen Fisher）を中心とした研究チームが2005年に *Journal of Neurophysiology* に発表した fMRI（機能的磁気共鳴画像）を使った実験（Aron et al., 2005；Fisher, Aron et al., 2006 も参照のこと）は，熱烈な恋愛状態にある人の脳内で何が起こっているのかを明らかにした大変興味深い研究である。この章ではアロンらの fMRI を使った実験の方法や実験結果から明らかになったことについて詳しく解説していく。

　fMRI とは functional（機能的）Magnetic Resonance Imaging（磁気共鳴画像）の略称で，MRI と呼ばれる方法を使って脳の機能をみる方法である。図7-1が MRI スキャナーであるが，この装置を使って1990年代以降，多くの研究者たちにより脳の断層撮影が行われるようになった。MRI は，脳の神経活動が増加するとその部分の血流が上昇するという性質を利用している。MRI の中には超伝導磁石が埋め込まれており，磁気の力を利用して身体の断層撮影を行う（MRI スキャナーは CT スキャナーと違い X 線は使わない）。血液中のヘモグロビンは酸素を運び終えると磁性になって磁場に歪みを作り，MR 信号を弱める。この現象を画像化したものが fMRI である。

　fMRI では，外部からの刺激や課題を行うことによって活動した脳の様子を

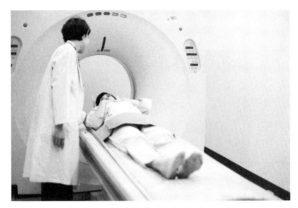

図7-1　MRIの見本（写真提供：ピクスタ）

画像化する。fMRIは「神経活動それ自体を計測するのではなく，神経活動と相関する生理的変化を検出することで，間接的に脳活動を計測する」（岩渕，2016：235）ものである。fMRI実験の目的は，従属変数であるBOLD[1]信号強度に対する独立変数（刺激や課題など）の効果を調べることにある。なお，MRIは強力な磁場を発生させるため，金属製品を身につけている場合（ピアスをつけている人や心臓のペースメーカーを入れている人など）には使用できない。また，図7-1で分かるとおり，撮影する際に狭いトンネルのような場所に入っていくので，閉所恐怖症の人も実験には参加できない。

## 2　fMRIを使った実験の解説①：実験参加者および実験の手続き

アロンらは，熱烈な恋愛をしている（と自覚している）男女17名（女性10名，男性7名で全員右利き）[2]を対象にfMRIを使って実験を行った。実験参加者の年

---

1) BOLDとは（Blood Oxygenation Level Dependentの略称で，「BOLD信号の変化は神経活動そのものではなく，神経的な応答に付随する血流動態および代替的変化に起因する」（岩渕，2016：236）。BOLD効果については，岩渕（2016）や仁木（2004）などを参照のこと。

表 7-1　日本語版熱愛尺度（Passionate Love Scale）の一部（河野ら，2008）

| 教示文　ここでは，あなたが強烈な恋愛状態になった時のことをお聞きします。あなたが現在，一番強い気持ちで愛している人を思い浮かべてください。（中略）その人のことを○○さんとします。○○さんのことを考えて，以下の質問に答えてください（あなたが異性愛者なら異性を，同性愛者なら同性の人を選んでください）。ここでは，あなたの気持ちが最も強かったときにどう感じたかで回答してください。 |
|---|

（1）○○さんと親しくなってから，私の気持ちは，高ぶったり落ち込んだりを繰り返している。
*（2）もし，○○さんが私から離れていったら，私は絶望するだろう。
（以下略，全 30 項目）

*は短縮版の項目を示す。

齢は 18 歳～26 歳（平均 20.6 歳，中央値 = 21 歳），自己申告した恋愛期間は 1 ヶ月～17 ヶ月（平均 7.4 ヶ月，中央値 = 7 ヶ月）。参加者は，インフォームド・コンセントを行い，50 ドルの謝礼を受け取った。なお，後述するように，彼らの実験参加者たちは全員熱烈な恋愛状態にある人たちである点で，この実験の結果が一般化できる範囲はある程度限定的であると思われる。

　fMRI を使って脳の画像診断を行う数日前に，実験参加者に恋愛期間や相手に対する恋愛感情の強度などについて半構造化インタビューを行い，詳しく調査している。

　fMRI 画像診断の直前に，実験参加者はハットフィールドら（Hatfield & Sprecher, 1986）が作成した熱愛尺度（Passionate Love Scale = PLS；河野ら（2008）による日本語訳あり（表 7-1））およびラーセンら（Larsen et al., 1986）の感情強度指標（Affect intensity measure = ALM）に回答した。

　続いて，fMRI の中で以下の 4 つの課題を行った。（1）30 秒間恋人の顔写真（ポジティブ刺激）を見る。その際，恋人との楽しい出来事（性的な事柄以外）を考えてもらう，（2）40 秒間の単純な作業（count back task：頭の中でたとえば 8421 から 7 ずつ引き算していく作業を行うことで脳をリセットする）[3]，（3）30 秒間知人（特別な感情を抱いていない恋人と同い年の同性の人）の顔写真（ニュートラル刺激）

---

2）実験参加者を右利きだけに限定したのは，脳の構造が利き手に左右されることがあるため，その要因を統制するためである。
3）恋人の顔写真をみた時の脳の反応が，知人の顔写真をみた時の脳の反応にまで影響を与えてしまうキャリーオーバー効果を抑制するのが目的である。

```
┌─────────────────────────────────────────────────────────────────────┐
│ 実験参加者：熱烈な恋愛をしている男女（女性10名，男性7名，全員右利き）を対象fMRIを使って │
│ 脳の画像診断                                                              │
└─────────────────────────────────────────────────────────────────────┘
                                    │
                                    ▼
┌─────────────────────────────────────────────────────────────────────┐
│ fMRIを使って脳の画像診断を行う数日前に，半構造化インタビューを行い恋愛期間や相手に    │
│ 対する恋愛感情の強度などについて詳しく調査                                      │
└─────────────────────────────────────────────────────────────────────┘
                                    │
                                    ▼
┌─────────────────────────────────────────────────────────────────────┐
│ fMRI画像診断の直前に，実験参加者は恋愛に関する二つの心理尺度に回答（例：「○○さん     │
│ のことで頭がいっぱいで，時々仕事に集中できないことがある」などを9段階で評定）         │
└─────────────────────────────────────────────────────────────────────┘
                                    │
                                    ▼
┌─────────────────────────────────────────────────────────────────────┐
│ fMRIの中で以下の4つの課題を行った。例えば，30秒間恋人の写真を見る，続いて40秒間「数   │
│ を数える作業（例えば頭の中で8421から7ずつ引き算していく），その後30秒間知人（特別     │
│ な感情を抱いていない人の写真を見る，最後に20秒間先ほどと同じような課題を行う。この     │
│ 作業を6回繰り返してもらった（提示順序はカウンターバランスをとった）。実験時間は合計    │
│ 720秒（12分）                                                            │
└─────────────────────────────────────────────────────────────────────┘
                                    │
                                    ▼
┌─────────────────────────────────────────────────────────────────────┐
│ fMRIによる脳画像撮影後，実験参加者に再度インタビューを行い，実験中に考えたことなど     │
│ を詳しく聞いた                                                            │
└─────────────────────────────────────────────────────────────────────┘
                                    │
                                    ▼
┌─────────────────────────────────────────────────────────────────────┐
│                    fMRIデータをSPM99で解析                                │
└─────────────────────────────────────────────────────────────────────┘
```

図7-2　アロンら（Aron et al., 2005）の実験手順

を見る。その際，一緒にテレビを見たなど中立的な事柄を考えてもらう，（4）
20秒間先ほどと同じような作業（count back task）を行う。この作業を6回繰り
返してもらった。なお，恋人の顔写真と知人の顔写真を見せる順番は，順序効
果を相殺するためにカウンターバランスをとっている。実験は合計720秒（12
分）。

　fMRIの測定後，再度実験参加者にインタビューを行い，実験中に考えたこ
となどを詳しく聞いた。たとえば，実験者の指示にちゃんと従ったかどうかや，

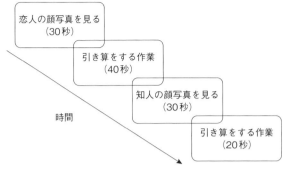

**図 7-3　fMRI 画像診断の手順（ブロックデザイン）**
（恋人の顔写真と知人の顔写真はランダムに提示し，カウンターバランスをとっている）

恋人の写真をみたときに考えたこと（たとえば，夜中の 3 時に起きて，二人でセブンイレブンに買い物に行った帰りの時のこと）など。

　fMRI データは SPM[4]99（Statistical Parametric Mapping software）を用いて分析を行っている。データの前処理として，実験参加者の体動補正（realignment），標準脳をテンプレートとしてそれぞれの実験参加者の脳画像を変形させる標準化（normalization），および機能画像の平準化（smoothing）を行い，その後ポジティブ刺激，ニュートラル刺激，1 回目の count back task，2 回目の count back task の 4 つを別々の独立変数とし，この 4 つの独立変数を固定効果，実験参加者を変量効果とした一般線形混合モデルにより分析を行っている。各参加者についてコントラストイメージを作成（ポジティブ刺激とニュートラル刺激の反応の差，およびポジティブ刺激と count back task の反応の差）し，分析に用いている。図 7-2 および図 7-3 に実験の流れを示しておく。

---

4) SPM は University College London で開発されている，主に fMRI 分析用のフリーソフトで，MATLAB という数値解析ソフトウェア上で動作する。現在は主に SPM12 が用いられている（https://www.fil.ion.ucl.ac.uk/spm/）。

　fMRI データの分析の結果，実験参加者が恋人の顔写真を見ている時と知人の顔写真を見ている場合の比較，および実験参加者が恋人の顔写真を見ている時と count back task を行っている時の比較から，恋人の顔写真を見ている時には，中脳の一部である腹側被蓋野（ventral tegmental area = VTA）や大脳基底核にある尾状核（caudate nucleus）が活発に活動していることが判明した。

　腹側被蓋野[5]には，ドーパミン作動性ニューロンが集まっており，報酬による快感覚の生成に関わっている。ドーパミンは，神経細胞の間の情報通信のために使われる神経伝達物質の1つで，飲酒などをすると快感を感じる原因となる報酬系[6]において中心的役割を果たす。「ドーパミンは，動物が生存に必要な条件が満たされた場合に放出され，気持ち良さや幸福感といった快感をもたらす。それによって，生命を維持するために最適な行動を促すことができ，快感はその報酬に相当する」（池谷, 2015：129）。

　快の情報を受け取ると腹側被蓋野が反応し，そこから信号を受けた側坐核がドーパミン（快感を生む神経伝達物質の1つ）を放出し，快感や喜びが生じる（図7-4～図7-5を参照のこと）。この快の情報は扁桃体で認識され，海馬に送られて記憶として貯蔵される。報酬を期待して行動する時にも腹側被蓋野のニューロンは活発に活動する（渡辺, 2017：94-95）。つまり，恋愛感情の根源はきわめて脳の原始的部分にあることが分かってきた[7]。おそらく一般的には，人間の恋愛は他の動物と違ってもっと理性的なものと考えられているのではないかと思われる。

---

5）腹側被蓋野は報酬による快感覚の生成に関わっている。報酬を期待して行動する時にも腹側被蓋野のニューロンは活発に活動する（渡辺, 2017：94-95）。ただし，近年ドーパミンが引き起こすのは快感覚ではなく，対象を求める渇望（drive, craving）という指摘もある（岩田, 2011）。

6）報酬系（reward system）とは，内側前脳束を介してつながる腹側被蓋野，扁桃体，側坐核，前頭前野であり，動物は，餌などの報酬が正の強化因子として与えられると，それを求めるための行動発現率は増加していく。反対に，不快な感情をもたらす負の強化因子を与えると，発現率は低下する（渡辺, 2017：95）。

7）fMRI 自体では，どのような神経伝達物質が使われているのかは特定できないが，脳に関する別の研究結果と合わせて考えると，このような議論になる。

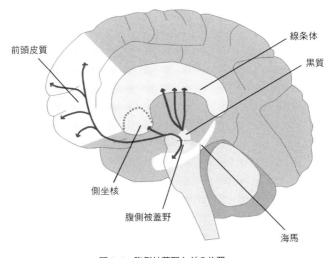

**図 7-4　腹側被蓋野などの位置**
（Copyright OIST（Okinawa Institute of Science and Technology Graduate University, 沖縄科学技術大学院大学）
〈https://www.oist.jp/ja/news-center/photos/10488〉（Licensed under CC BY 4.0）https://creativecommons.org/
licenses/by/4.0/

　しかし，アロンらの実験から明らかになったのは，恋愛とは理性ではコントロールすることができない，もっと原始的な抑えきれない衝動ということになる。
　一方，恋人の顔写真を見ている時には，扁桃体（amygdala：大脳辺縁系にあり，本能的に快・不快を感じる働きをする）の活動が抑えられていることも明らかになった[8]。
　フィッシャーらのチームに先立ち，彼らと同様に fMRI を使って恋愛中の男女の脳の活動を調べたバーテルス＆ゼキ（Bartels & Zeki, 2000）の研究でも大筋において類似した研究結果が示されている。バーテルス＆ゼキ（Bartels & Zeki, 2000）もアロンらと同様に脳の活動について fMRI を使って調べた。彼らの実験では 17 名が実験に参加している。そのうち 11 名が女性，また 1 名の男性のみ左利きで他は右利きである。実験参加者の平均年齢は 24.5 歳（21 歳～37 歳）。

---

8）大脳辺縁系の一部である扁桃体は「情動の中枢と呼ばれ，感情の源となる「快・不快」
　や「怖い・怖くない」などを判断している（中略）扁桃体での好き嫌いの判断は原始
　的で，一目惚れや生理的な好き嫌いなどは，これに含まれるといってよい」（池谷,
　2015：112）。

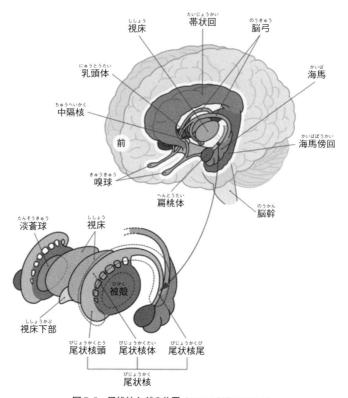

図7-5 尾状核などの位置 (イラスト提供：ピクスタ)

自分自身の恋人および恋人と同年代の同性の友人3名の顔写真を見てもらった（写真を投影する時間は1名につき17.36秒で，4人の写真をみせる順番をランダムに組み合わせこれを9回繰り返している。従って，実験時間は10分25秒であったが，論文では最初の6回分［6分57秒］の結果が報告されている）。バーテルス＆ゼキの実験参加者も恋人の写真を見たときに腹側被蓋野や尾状核が活発に活動していた[9]。

---

9) さらに，バーテルス＆ゼキ（Bartels & Zeki, 2004）では母親に自分の子供の写真を見てもらって，同じくfMRIを使って脳の活動を調べ，その結果をバーテルス＆ゼキ（Bartels & Zeki, 2000）の結果と比較しながら恋愛と母性愛の違いについても論じている。たとえば，彼らの実験から，恋愛カップルの場合にだけ性欲に関する部位の活動が確認されている。

　しかし，アロンら（Aron et al., 2005）の fMRI 実験とバーテルス＆ゼキ（Bartels & Zeki, 2000, 2004）の fMRI 実験の結果には類似点も多いものの，異なる発見も報告されている。たとえば，バーテルス＆ゼキ（Bartels & Zeki, 2000）の実験参加者では，恋人の写真を見たとき，アロンらの分析では見られなかった内側島皮質や前帯状回の活動が確認されている。その理由はいくつか考えられるが，理由の 1 つとして，アロンら（Aron et al., 2005）が指摘しているように，バーテルス＆ゼキ（Bartels & Zeki, 2000）の実験参加者はアロンらの実験参加者に比べて，恋愛期間が長く（$M = 28.8$ vs. $M = 7.3$ ［month］；$t(32) = 4.28$, $p = 0.001$），また熱愛尺度得点も低い傾向にあった（PLS scores：$M = 7.55$ vs. $M = 8.54$；$t(31) = 3.91$, $p = 0.001$）ことなどが挙げられる[10]。バーテルス＆ゼキの実験参加者は恋愛の安定期にある人たちと言えるかもしれない。

　そこで，アロンら（Aron et al., 2005）は，実験参加者を恋愛期間が 1 〜 7 ヶ月の参加者と，8 〜 17 ヶ月の参加者に分けて分析したところ，恋愛期間が長い後者のグループではバーテルス＆ゼキらが発見したのと類似した部位の活動が確認されている。たとえば，恋愛期間の長い人ほど，前帯状回の活動が活発であったという。

　画像（図 7-6）は，アロンら（Aron et al., 2005）が報告している x = 4, y = 36, z = 18 のタライラッハ（Talairach）座標の矢状断（sagittal section）である。2 本の線が交差している周辺が前帯状回であるが，この箇所の活動が恋愛期間の長さで異なるわけである。

　また，アロンら（Aron et al., 2005）の実験参加者で恋愛期間が 8 〜 17 ヶ月のグループでは，側坐核に隣接している腹側淡蒼球（ventral pallidum）という愛着に関連のある箇所の活動も活発になっていたことが判明した（Fisher et al., 2005 も参照のこと）[11]。つまり，恋愛期間が長くなるにつれて初期のラブラブ状態か

---

10）さらに，アロンら（Aron et al., 2005）の実験参加者はニューヨーク州立大の学生などニューヨーク在住者であったのに対して，バーテルス＆ゼキ（Bartels & Zeki, 2000）の実験参加者はもっと多様な人たち（11 カ国，7 つの民族）であったことも結果の違いの原因と考えられる。

11）腹側淡蒼球はバソプレッシン（vasopressin）というホルモンの分泌と関連した部位である（Fisher, 2010）。

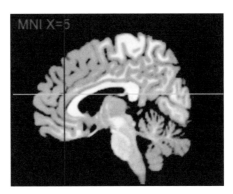

**図7-6　x＝4, y＝36, z＝18 の Talairach 座標の矢状断（sagittal section）**
〈https://bioimagesuiteweb.github.io/webapp/mni2tal.html〉

ら，徐々に二人の関係の安定性が高まり，それに従って脳の活動部位も変化していくことが示唆されている。

　さらに，2つの異なるチームの実験結果から，恋人の写真を見ているときだけ活動が低く抑えられている領域も発見されている。前述したとおりアロンら（Aron et al., 2005）は，恋人の写真を見ているとき，実験参加者の扁桃体の活動が抑えられていることを発見したが，バーテルス＆ゼキ（Bartels & Zeki, 2000, 2004）は，扁桃体に加え，側頭・頭頂接続部（parietotemporal junction, 大脳皮質の一領域で，人に対する批判的評価やネガティブ感情に関連する領域）や前頭前皮質（middle prefrontal cortex）などの活動も抑制されていたことを報告している。つまり熱烈な恋愛状態にある人は，恋人に対する批判的判断能力が低下し，正常な判断ができない状態にあると言える。ただし，これらの領域の活動が低下するのは恋人の写真を見ていた時だけである。「恋は盲目」（Love is blind）というのは単なる比喩ではなく，実際の脳内で生じている現象であることが明らかになった。熱烈な恋愛とは，まさに相手に夢中になり，恋人の欠点などが見えなくなっている状態と言える。

## 4　その後の研究

### ■ 4-1　その後の研究の展開

　前の節で見たように，熱愛中の男女の脳では，報酬系に関連する領域が活発に活動していることが判明したわけだが，ドーパミン分泌量の増加はセロトニン（気分や感情をコントロールし精神の安定をもたらす）の分泌量の減少に繋がると言われる（Zeki, 2007）。マラッツィティら（Marazziti et al., 1999）によると，熱愛状態にある人のセロトニンレベルは，強迫性障害（OCD）の患者と同じレベルまで低下するという。マラッツィティらは，最近恋に落ちたばかりの 20 名の医学部の学生（女性 17 名，男性 3 名），強迫性障害の患者 20 名（男性 10 名，女性 10 名），および 20 名の統制群（男性 10 名，女性 10 名）の実験参加者を対象に，血小板の 5-HT（セロトニン）受容体の濃度を比較した。その結果，恋愛中の男女のセロトニンレベルは強迫性障害の患者のそれと大差なく，一方，統制群と比較すると有意に低いという結果が示された。マラッツィティらは，さらに恋愛中であった 20 名のうち 6 名について 12 ヶ月から 18 ヶ月後に再度セロトニンの分泌量を測定したところ，今度は統制群の人たちのそれと変わらないという結果になっていた。これらの結果は，恋愛初期の熱愛状態はだいたい 12 ヶ月から 18 ヶ月程度続くと考えられている（もちろん個人差も大きいし，彼らの研究だけから断定的なことは言えないが）。

　では，アロンら（Aron et al., 2005）やバーテルス & ゼキ（Bartels & Zeki, 2000）で見られた脳の活動は恋愛初期段階の人だけに見られる現象なのだろうか。これについて，フィッシャーらの研究チーム（Acevedo et al., 2012）は結婚生活が 10 年以上の人たちを対象に，fMRI を用いて同様の実験を行っている[12]。この実験参加者の平均年齢は 52.85 歳（39〜67 歳；$SD = 8.91$）で，婚姻期間は 10 年〜29 年の男女 17 名（うち女性 10 名），全員右利きでパートナーは異性である。

---

12) この実験は，基本的にはアロンら（Aron et al., 2005）の実験手続きを踏襲しているが，実験参加者に見せる顔写真は，自分のパートナー，パートナーと同じくらいの期間知っている親友，パートナーや親友ほどではないが比較的よく知っている知人，知り合いとしての期間は短くあまりよく知らない知人，の 4 種類の顔写真を用いている。

大まかに言えば，恋愛初期の実験参加者に見られたのと同様，この実験の参加者でも腹側被蓋野や背側線条体の活動が確認されている。それに加えて，愛着に関連する脳の場所（たとえば淡蒼球など）の活動も確認された。従って，長期に渡るパートナーに対して，恋愛初期の頃と同じように報酬系のシステムが働いている人もいることが判明した。

　ただし，ここで注意が必要なのは，この実験の参加者を集める際（口コミや新聞広告などで募集），スクリーニングの条件の1つとして，まだ自分のパートナーを熱烈に愛しているかどうかを問い（Are you still madly in love with your long-term partner?），この基準をクリアしている人たちだけが対象となっている点である。結婚後10年以上経っても自分のパートナーに初期の頃と似たような恋愛感情を抱いている人を選抜しているわけなので，この実験の結果が適用できる人はある程度限られているのではないかと想像される。

　なお，アロンら（Aron et al., 2005）やバーテルス＆ゼキ（Bartels & Zeki, 2000）の実験結果がアジア人にも当てはまるのかどうかについて，アロンら（Xu et al., 2011）は北京在住の18名の中国人学生（うち10名が女性；平均年齢21.61, SD = 1.75）を対象にアロンら（Aron et al., 2005）と同様の手続きを用いて恋愛中の学生の脳の活動を調べた。分析の結果，概ねアロンら（Aron et al., 2005）と同様の結果が得られ，腹側被蓋野や尾状核の活動が確認されている。つまり，熱愛中の人の脳活動には文化による違いは見られないということになる。

　また，近年LGBTQ＋への認知が広まってきているが，これまでの恋愛研究の大半は異性愛者を対象にしてきた。では，異性愛者たち以外の恋愛中のヒトの脳の活動はどうなっているのであろうか。それに関して，ゼキら（Zeki & Romaya, 2010）によると，恋愛初期のゲイやレズビアンの人たちも，異性愛者と同じ脳の場所が活発に活動しており，異性愛者と同性愛者の間に脳の活動に違いは見られなかったと報告している。

　加えて，フィッシャーら（Fisher et al., 2010）は，失恋したばかりの人たちを対象にして，アロンら（Aron et al., 2005）と同様の方法で脳の測定も行っている[13]。実験の結果，腹側被蓋野，側坐核コア，腹側淡蒼球などの活動が確認された。腹側被蓋野領域は，幸せな恋をしているときに恋人を見るときに影響を受ける領域と同じである（Aron et al., 2005）。つまり失恋して間もない人たちの

第Ⅰ部

第Ⅱ部

第Ⅲ部

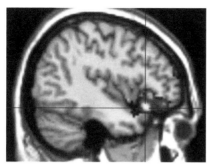 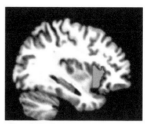

Figure 1: Rejection

Figure 2: Tooth pain

*This scan of a heartbroken individual (left) reveals activity in the anterior insula; the same area we find active when a person experiences other forms of physical pain, like a toothache (right).*

**図 7-7　失恋者と歯痛の患者の脳画像比較（島皮質の位置）**
〈https://theanatomyoflove.com/the-results/the-rejected-brain/〉（2023 年 12 月 13 日最終アクセス）

脳は，恋愛中と同じ場所がまだ働いていたということになる。

　フィッシャーらはこの実験で4つの仮説を立てているが，そのうちの1つに，失恋者は，友人などの中立的写真を見た時と比較して，自分を振った相手の写真を見たとき，情動に関連する神経領域に活動を示すと予測している。彼らの分析の結果，確かに身体的苦痛や苦悩と関連している島皮質の領域や前帯状回の広い領域の活動が確認された（図 7-7）。つまり，失恋した人の中には一般的な情動反応と痛みに関連する領域が活性化していたことが判明した。一般に，失恋すると体の痛みを感じることがあると言われるが，フィッシャーらの実験はそのことを脳の活動から裏づけたことになる。

---

13) 口コミとチラシで募集した最近失恋したばかりの男女 15 名（女性 10 名，男性 5 名で全員異性愛者）を対象に fMRI を使って実験。平均年齢は 19.8 ± 1.0（SD）歳，別れるまでの平均交際期間は 21 ヶ月（4 ヶ月～48 ヶ月），失恋してからの日数は平均 63 日（1 週～32 週），情熱的恋愛尺度（Hatfield & Sprecher 1986）の平均得点は 8.0 ± 0.6 点（1 - 9 段階）であった。したがって，参加者の年齢や恋愛尺度の得点はアロンら（Aron et al., 2005）と同様であったが，平均交際期間はアロンら（Aron et al., 2005）が 7 ヶ月であったのに対し，フィッシャーら（Fisher et al., 2010）の実験参加者は 21 ヶ月であった。

## ■ 4-2　注意すべき点について

ところで，アロンら（Aron et al., 2005）とバーテルス＆ゼキ（Bartels & Zeki, 2000）のfMRI実験の参加者は，恋愛期間の長さに違いがあるとはいえ，いずれも実験当時，異性の相手と熱烈に恋愛中（と本人たちが自覚している）であった人たちである。具体的には，アロンら（2005）が実験参加者を募集する際には，Individuals who were currently intensely in love（現在熱烈に恋愛中の人）を，同様にバーテルス＆ゼキ（Bartels & Zeki, 2000）でもVolunteers who professed to be 'truly, deeply and madly in love' という表現で実験参加者を募っている。

恋愛は大きく分けて，熱愛（passionate love）と友愛（compassionate love）に分けられ（Diamond, 2003），一般的には前者から後者へ移行すると考えられているが，必ずしも熱愛が友愛に発展するとは限らないし，恋愛において熱愛段階を経験せずに友愛に至るケースもあり得る（Diamond, 2003）。つまり，恋愛といってもいろいろなタイプがあり，恋愛初期の段階でも熱愛状態にはならない人たちもいるはずである。

有名なリー（Lee, 1973, 1977）の恋愛の色彩理論では，恋愛のタイプを6つに分けている（表7-2参照）。リーの理論を実証するためヘンドリック＆ヘンドリック（Hendrick & Hendrick, 1986）は6つの恋愛タイプを測定できる心理尺度を作成し，日本語訳も作られている（松井ら, 1990）。ただし，ヘンドリック＆ヘンドリックの尺度は調査回答者を6つのタイプのどれか1つに分類するためのものではない。回答者は6つの恋愛タイプのそれぞれについて得点が得られ，各自がどのタイプの特徴をより多く備えているかを知ることができる。当然ながら，複数の恋愛タイプの得点が高くなることもあり得る。

表7-2にあるように，恋愛のタイプの中には，ルダスと呼ばれる「遊びの愛」に分類されるものあり，このタイプの恋愛をする人は，一人の相手だけに夢中になるより，複数の相手と恋愛を楽しむことができるとされている。また，ストーゲイと呼ばれる「友愛的な愛」では，恋愛といっても友情的な恋愛で，ある程度時間をかけて愛が育まれるとされている。本章で紹介したfMRIを使った実験の参加者はリーの類型ではマニア（熱狂的な愛），エロス（美への愛），アガペー（愛他的な愛）的な側面が強い人たちであるように思われる。

たとえば，前述した結婚10年以上の人を対象にした研究（Acevedo et al.,

表7-2　Leeの恋愛タイプの特徴（松井（1993：336）表1を微調整）

| 恋愛のタイプ | 特徴 |
| --- | --- |
| マニア（狂気的な愛） | 独占欲が強い，嫉妬，憑執，悲哀などの激しい感情を伴う。 |
| エロス（美への愛） | 恋愛を至上のものと考えており，ロマンティックな考えや行動をとる。相手の外見を重視し，強烈な一目惚れを起こす。 |
| アガペー（愛他的な愛） | 相手の利益だけを考え，相手のために自分自身を犠牲にする事も，厭わない愛。 |
| ストーゲイ（友愛的な愛） | 穏やかな，友情的な恋愛。長時間をかけて，愛が育まれる。 |
| プラグマ（実利的な愛） | 恋愛を地位の上昇などの手段と考えている。相手の選択においては，社会的な地位の釣り合いなど，いろいろな基準を立てている。 |
| ルダス（遊びの愛） | 恋愛をゲームと捉え，楽しむことを大切に考える。相手に執着せず，相手との距離をとっておこうとする。複数の相手と恋愛できる。 |

2012）では，心理尺度としてヘンドリック＆ヘンドリックの尺度の中のエロスを測定する下位尺度のみを用いている。

　アロンら（Aron et al., 2005）やバーテルス＆ゼキ（Bartels & Zeki, 2000）の実験から明らかになった脳の活動が，果たしてルダス的あるいはストーゲイ的要素が強い人にも当てはまるのかどうかは更なる検討が必要だと思われる。つまり，本章で紹介した fMRI を使った実験結果がどのような対象者まで一般化できるのかは，現段階ではまだ明らかになっていない。

引用文献

Acevedo, B. P., Aron, A., Fisher, H. E., & Brown, L. L. (2012). Neural correlates of long-term intense romantic love. *Social Cognitive and Affective Neuroscience, 7*(2), 145-159.

Aron, A., Fisher, H., Mashek, D. J., Strong, G., Li, H., & Brown, L. L. (2005). Reward, motivation, and emotion systems associated with early-stage intense romantic love. *Journal of Neurophysiology, 94*(1), 327-337.

Bartels, A., & Zeki, S. (2000). The neural basis of romantic love, *Neuroreport, 11*(17), 3829-3834.

Bartels, A., & Zeki, S. (2004). The neural correlates of maternal and romantic love, *Neuroimage, 21*(3), 1155-1166.

Diamond, L. M. (2003). What does sexual orientation orient? A biobehavioral model distinguishing romantic love and sexual desire. *Psychological Review, 110*(1),

173-192.

Fisher, H. E. (1998). Lust, attraction, and attachment in mammalian reproduction. *Human Nature 9*(1), 23-52.

Fisher, H. E., Aron, A., & Brown, L. L. (2006). Romantic love: A mammalian brain system for mate choice. *Philosophical Transactions of The Royal Society B, 361* (1476), 2173-2186.

Fisher, H. E., Brown, L. L., Aron, A., Strong, G., & Mashek, D.(2010). Reward, addiction, and emotion regulation systems associated with rejection in love. *Journal of Neurophysiology, 104*(1), 51-60.

羽成隆司・河野和明（2012）．恋愛対象者への熱愛度と肯定および否定的感情―日本語版熱愛尺度を用いて，椙山女学園大学文化情報学部紀要，*12*，65-69.

Hatfield, E., & Sprecher, S. (1986). Measuring passionate love in intimate relations hips. *Journal of Adolescence, 9*(4), 383-410.

Hendrick, C., & Hendrick, S. (1986). A theory and method of love. *Journal of Personality and Social Psychology, 50*(2), 392-402.

池谷裕二（2015）．脳と心のしくみ（大人のための図鑑），新星出版社．

岩渕俊樹（2016）．fMRI による脳機能計測―基礎と展望，埼玉放射線，*64*(3)，235-243.

岩田和宏（2011）．LOVE って何？―脳科学と精神分析から迫る「恋愛」，幻冬舎ルネッサンス．

河野和明・羽成隆司・津田早苗・Beverley E. Lafaye（2008）．日本語版熱愛尺度（Passionate Love Scale）の作成，日本心理学会第 72 回大会発表論文集，997.

Larsen, R. J., Diener, E., & Emmons, R. A. (1986). Affect intensity and reactions to daily life events. *Journal of Personality and Social Psychology, 51*(4), 803-814.

Lee, J. A. (1973). *Colours of love: An exploration of the ways of loving,* Toronto: New Press.

Lee, J. A. (1977). A typology of styles of loving. *Personality and Social Psychology Bulletin, 3*(2), 173-182.

Marazziti, D., Akiskal, H. S., Rossi, A., & Cassano, G. B. (1999). Alteration of the platelet serotonin transporter in romantic love. *Psychological Medicine, 29*(3), 741-745.

松井　豊（1993）．恋愛行動の段階と恋愛意識，心理学研究，*64*(5)，335-342.

松井　豊・木賊知美・立澤晴美・大久保宏美・大前晴美・岡村美樹・米田桂美（1990）．青年の恋愛に関する測定尺度の構成，東京都立立川短期大学紀要，*23*，13-23.

仁木和久（2004）．fMRI 計測でヒト知能をみる，電子情報通信学会誌，*87*(4)，285-291.

坂井建雄・久光　正（監修）（2011）．ぜんぶわかる脳の事典，成美堂出版．

渡辺雅彦（2017）．カラー図解　脳神経ペディア―「解剖」と「機能」が見える・つながる事典，羊土社．

Xu, X., Aron, A., Brown, L., Cao, G., Feng, T., & Weng, X. (2011). Reward and motivation systems: A brain mapping study of early-stage intense romantic love in Chinese participants. *Human Brain Mapping, 32*(2), 249-257.

Zeki, S. (2007). The neurobiology of love. *Federation of European Biochemical Societies*

*Letters, 581* (14), 2575–2579.

Zeki, S., & Romaya, J. P. (2010). The brain reaction to viewing faces of opposite- and same-sex romantic partners. *PLoS One, 5* (12), e15802, 1–8.

第 I 部

第 II 部

第 III 部

　7章では，恋愛中のカップルや失恋直後のヒトの脳内でどのようなことが起こっているのかに関する研究についてみてきた。

　恋愛研究の第一人者であるフィッシャー（Fisher, 2016）は，2003年から2012年までの離婚に関する公的データを収集し，世界78カ国（85の地域）について離婚のピークが結婚後何年目に訪れるかを調査している。図1はその結果をグラフにしたものであるが，図の横軸の数字は結婚後，何年目に離婚したのかを表す年数で，それぞれ何年目に離婚したかを国や地域別に集計したデータの中での最頻値を表している。縦軸は各国（あるいは地域）の数である。

　図1を見ればわかるとおり，結婚後3年から4年後に離婚をする人が多いことが明らかになっている。

　フィッシャーのチームは主に恋愛中のカップル（失恋後や婚姻後10年

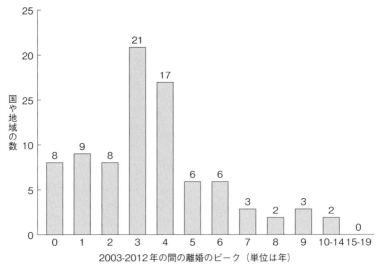

図1　2003-2012年の間について国や地域別に集計した離婚のピーク（Fisher, 2016）

以上のカップルの研究も含まれてはいるが）について研究してきたのに対して，ゴットマン（たとえば Gottman & Silver 1999, Gottman & Silver, 2012）は 1970 年代から夫婦関係の研究を体系的に行っている。ゴットマンは，1986 年にワシントン大学に移って以降「Love Lab」（恋愛ラボ）と呼ばれている施設を大学内に設立した（図 2 参照）。このラボでゴットマンは数多くのカップル間の会話のやり取りを観察し，カップルが夫婦関係を続けていけるのか，それとも将来そのカップルが離婚に至るのかを，様々なデータを用いて予測する研究を行ってきた。

　もう少し具体的に言うと，ゴットマンはカップルの相互作用を詳細に観察し，行動パターンを特定するために，ビデオ録画を頻繁に使用した。ラボの実験では，カップルが日常生活のシチュエーションでどのように行動するかを観察し，その相互作用を分析するための専門家のチームを結成。ゴットマンはまた，生理学的な反応（心拍数，血圧など）も測定し，

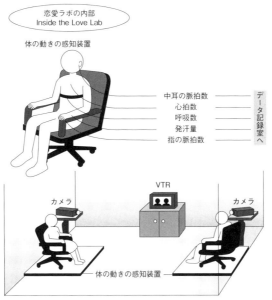

**図 2　Love Lab の様子**（Gottman & Silver, 1999, 訳書, 2007 を基に作成）

これらが感情や反応のレベルとどのように関連しているかを探った。

　恋愛ラボでの実験の目的は，夫婦の相互作用を詳細に観察し，特定の
パターンが夫婦関係の成功あるいは失敗にどのように関連しているかを
理解することである。このための手法として，ゴットマンは以下のよう
な多面的なアプローチを採用している。

**ビデオ観察**：カップルが対話する様子をビデオで録画。これにより，研
究チームは相互作用の細かな部分，ボディランゲージ，表情，口調，言
葉の選び方などを詳細に観察することが可能であった。

**生理学的測定**：カップルが対話している間，生理学的反応を測定する装
置を使用。心拍数，血圧，汗腺活動などのデータは，特定の相互作用が
カップルのストレスレベルや感情にどのように影響しているかを評価す
るために利用された。

**自己報告調査**：カップルはまた，自分たちの感情，認識，問題解決戦略，
満足度などについて自己報告した。これらの調査結果は，観察と生理学
的データと組み合わせて解析された。

**追跡調査**：実験参加者を数年にわたって追跡し，その後のカップルの関
係の結果（継続，離婚，満足度等）を記録。これにより，特定のパターン
が関係の長期的な結果にどのように影響するかを評価することが可能と
なった。

　このような多角的なアプローチにより，ゴットマンは夫婦の相互作用
を詳細に分析し，その中に存在する特定のパターンと結果との関連性を
見つけ出すことを可能にした。彼の研究は，カップルの相互作用を理解
するための貴重なフレームワークや，夫婦関係の問題を解決するための
手段を提供している。ゴットマンは著書の中で「このラブ研究所に来た
夫婦の言動をわずか5分間観察するだけで，この夫婦がこれから幸福な
結婚生活を送れるものか，離婚の道を歩むのか，平均91%の確かさで予
測できるようになった」（Gottman & Silver, 1999, 訳書, 2007：14）と述べて
いる。

　ここではゴットマンの研究成果のごく一部を紹介する。

　ゴットマンは著書の中で「黙示録の四騎士」（The Four Horsemen of the

Apocalypse）という概念を紹介している（もちろんこれは比喩的に用いられているので，訳書では「4つの危険因子」となっている）。ここでの「四騎士（4つの危険因子）」は，夫婦関係において離婚を予測する可能性が高い，4つの破壊的なコミュニケーションパターンを指している。それらは以下のとおりである。

**非難**（Criticism）：相手を非難したり批判するとは，パートナーの性格や人格などを攻撃することを指している。これは，特定の行為に焦点を当てるよりも，パートナーの性格全体を攻撃する傾向がある。

　ゴットマンによれば，一見似てはいるが非難と不満には雲泥の差があり「不満はある行動に向けられるものだが，非難は相手の人格全般への中傷行為である」（Gottman & Silver, 1999, 訳書, 2007：48）という。

　ゴットマンは，非難と不満の違いとして以下のような例を挙げている（Gottman & Silver, 1999, 訳書, 2007：49）。

　　不満：夕食にお客さんを呼ぶなら，事前に僕に知らせてくれることになっていたんだろう。今夜は君と静かに過ごすつもりでいたのに。
　　非難：真っ先に僕に相談すべきなのに，どうして君は友だちの予定を優先して，招待日を決めてしまうんだ。最後に知らされるのはいつも僕だ。どうせ僕の存在など，君の頭にはないんだろうから。

**侮辱**（Contempt）：侮辱は，相手の人を劣っているか，価値がないと見なすことで，これは軽蔑，冷笑，嘲笑，皮肉などの形を取ることがある。長期的には，パートナーに対する尊重と感謝の喪失を示し，感情的な距離を取るようになる。

　ゴットマンは，ある夫婦（ピーターとシンシア）がお金をどのように使うかについて話し合った場合について，ピーターの以下のような侮辱の発言を例として挙げている。

　　「どうも二人の間には価値観に大きな食い違いがあると思う（中略）君は他人に金を払って自分の車を洗ってもらっているけど，どう思

っているんだ。君の車のローンを払うのに僕が大変な思いをしているのに，自分の車さえも自分で洗おうとしない。僕をばかにしていると思わないかい。あまりに身勝手すぎないか？」（中略）

「僕が車を洗うのは，車を長持ちさせたいからだ。でも君のように，車が汚くなったら，新車に買い替えればよいという考えに僕はとうていなれない」（Gottman & Silver, 1999, 訳書, 2007：51）

ゴットマンによると，特に侮辱（あるいは軽蔑）が最も有害であるといい，これらのパターンが存在する場合，カップルは通常，困難な時期を経験し，場合によっては離婚につながることもあるという。また，互いに侮辱しあっているカップルはそうでないカップルより病気になる率が高いとも言われている。

**自己弁護**（Defensiveness）：自己弁護あるいは防御的な態度は，問題を解決するのではなく，自己を守ろうとする傾向のことを指す。これは通常，責任逃れや問題からの逃避によって表現され，対話や解決策を阻害する。上に挙げたピーターとシンシアの例で言えば，ピーターが侮辱・軽蔑の言葉を浴びせても，シンシアは自分が頻繁に車の洗車をしないのは，夫のように体力がないためだと自己弁護に終始していた。ゴットマンは「弁解や言い訳は，やがて本格的な衝突へとエスカレートするので，これも夫婦関係を破壊する原因になる」（Gottman & Silver, 1999, 訳書, 2007：55）と指摘している。

なお，非難，侮辱，自己弁護は必ずしもこの順番でなされるわけではない。

**逃避**（Stonewalling）：非難，侮辱，自己弁護（防衛）が繰り返されると最後に，相手を無視する行動に出る。相手に壁を作る行為は，コミュニケーションを避け，対話から身を引く行為である。これは相手への関心や応答の喪失を示し，感情的な距離を生みだす。

ゴットマンによると，この逃避や無視という行動に出るのは85％男性の方であるという。ゴットマンは，これも進化の過程で男女が受け継

いできた行動パターンの表れの 1 つであるという。

　数多くのカップルの相互作用の観察の結果，ゴットマンは夫婦で口論がエスカレートしていくと，ストレスが高まり，生理的反応として心拍数の増加につながる。それと同時に，人を興奮させるアドレナリンなどのホルモン分泌量が増加し，血圧も上昇していく。狩猟採集民族の時代には男性は狩猟に専念していたが，その時代の名残で男性はいざという時に即座にアドレナリンを放出し，戦闘モードに入るように進化したと考えられている。ゴットマンは「夫婦間の口論で，夫が妻より容易に興奮してしまうのは，生物学的な事実である」(Gottman & Silver, 1999, 訳書, 2007 : 64) と言う。

　ゴットマンは，『結婚生活を成功させる 7 つの原則』(Gottman & Silver, 1999, 訳書, 2007) で，これらの離婚に至る可能性がある 4 つの危険因子を乗り越え，どのようにすれば結婚生活をうまく続けられるのかについて詳しく解説している。7 つの原則については，ここでは立ち入らないが，関心のある読者には一読をお勧めする。

引用文献

Fisher, H. (2016). *Anatomy of Love: A Natural History of Mating, Marriage, and Why We Stray.* New York: W. W. Norton & Company.

Gottman, J., & Silver, N. (1999). *The seven principles for making marriage work.* New York: Three Rivers Press. (松浦秀明 (訳) (2007). 結婚生活を成功させる 7 つの原則，第三文明社)

Gottman, J., & Silver, N. (2012). *What Makes Love Last?: How to Build Trust and Avoid Betrayal.* New York: Simon & Schuster.

第 I 部

第 II 部

第 III 部

# 第8章

# 遺伝子からみた恋愛

## 1　HLA（＝MHC）とは

　過去の研究から恋愛相手を選ぶ際，何を重視するかが男女によって異なることがわかっている。たとえば，異性愛者の男女198人を対象にした研究（Herz & Inzlicht, 2002）では，恋愛対象となる相手を選ぶ際に外見，声，匂い，財力，頭の良さなど10項目についてそれぞれの重要度を7件法で測定しているが，身体的特徴については男性の方が女性より外見を重視している（女性：$M = 5.26$, $SD = 1.09$ vs. 男性 $M = 5.75$, $SD = 1.03$, $p < .01$）のに対して，匂いについては，女性の方が男性より重視している結果（女性：$M = 5.59$, $SD = 1.16$ vs. 男性 $M = 5.03$, $SD = 1.38$, $p < .01$）が示されている。ハヴリックら（Havlicek et al., 2008）も同様に，男性は外見の方を重視するが女性は匂いの方を重視するという結果を得ている。

　恋愛と匂いに関して，ヴェデキントら（Wedekind et al., 1995）が行った通称Tシャツ実験もユニークな研究として言及されることが多い。この研究は，山元（2001）が恋愛遺伝子と呼んでいる主要組織適合遺伝子複合体（major histocompatibility complex ＝ MHC）と匂いの相性との関係を調べた実験である。MHCとは「一連のタンパク質分子を作る遺伝子のかたまり」（山元, 2001：12）のことをいうが，ヒトの場合はヒト白血球抗原（human leukocyte antigen ＝ HLA）と呼んでいる。HLAは1954年に白血球の血液型として発見されたためヒト白血球抗原と呼ばれているが，その後HLAは白血球をはじめとする（赤血球以外の）ほぼすべての細胞と体液に存在することがわかっている。HLAは免疫に関わる重要な働きをするもので，臓器移植する際の相性を決める物質である。よく知られているように輸血の際には赤血球のA型，B型，AB型，O型などの血液型を一致させる必要がある。同様に，臓器移植には患者とドナー

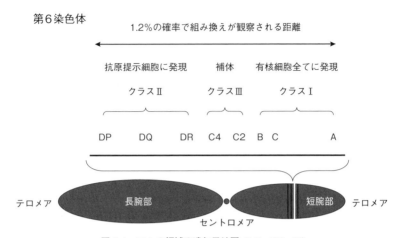

第6染色体

1.2%の確率で組み換えが観察される距離

抗原提示細胞に発現　　　補体　　有核細胞全てに発現

クラスⅡ　　　　　クラスⅢ　　　クラスⅠ

DP　　DQ　　DR　　C4　C2　B　C　　　　A

テロメア　　　　　　　長腕部　　　　　　　　　　短腕部　　テロメア

セントロメア

**図 8-1　HLA の領域の遺伝子地図** (小川, 2016：120)

の HLA 型の一致する割合が重要となる。HLA は「ヒトの自己・非自己を決める因子」(小川, 2016：116) である。非自己とは，ウイルスや細胞などである。

　HLA 遺伝子は 6 番染色体の短腕にあり，ごく近い位置に一列で並んで存在している (図 8-1)。HLA 型は，主に 6 つの遺伝子座すなわち HLA-クラスⅠ (HLA-A, HLA-B, and HLA-C) および HLA-クラスⅡ (HLA-DRB1, HLA-DQA1, and HLA-DQB1) によって決まる。6 つの遺伝子座は，それぞれ数種類から数十種類の違うタイプ (アレル) があり，そのすべての遺伝子が発現する。したがって HLA のバリエーションは，何万通りにもなる (山元, 2001)。同じ両親から生まれた兄弟姉妹の間でも HLA 型が一致する確率は 4 分の 1 であり，非血縁間では数百〜数万分の 1 の確率でしか一致しないと言われている。HLA はヒト遺伝子の中で最も多様性を持つ遺伝子群である。

　ネズミを使った動物実験から，ネズミの配偶者選択においてこの MHC が重要な役割を果たすことがわかっている。配偶者を選択する際，ネズミは匂いを頼りに，自分の遺伝子型と似ている相手は避け，異なる相手を選択する傾向が見られる。つまり，MHC の型が異なる個体を相手に選んでいる。このような選好は遺伝子型が異なる個体同士の方が，遺伝子型が似ている個体同士より様々な病原体に強くなるためである (山元, 2001)。男女間でも HLA が異なるほ

ど，生まれてくる子供は病原体への対処の可能性が高く，厳しい環境に適応できる可能性が高くなると言われている。

　ヴェデキントら（Wedekind et al., 1995）は，ヒトにおいても配偶者選択において MHC（= HLA）が重要な役割を果しているのではないかという仮説のもとで以下のような興味深い実験を行っている[1]。

## 2　ヴェデキントらのTシャツ実験

### ■ 2-1　実験参加者

　スイスのベルン大学の学生で，女性 49 名（平均 25.2 歳，*SD* = 4.0），男性 44 名（平均 24.7 歳，*SD* = 2.6）が実験に参加。なお，事前に男女学生の血液を採取して HLA（HLA-A, HLA-B, HLA-DR）の型を調べておいた。なお，女子学生と男子学生は，基本的に異なる学部の学生たちで，知り合い同士の可能性は低い。

### ■ 2-2　実験方法

　実験参加者の男子学生 44 人には，体臭を採取するために 2 日間（日曜から月曜の夜にかけて）同じTシャツを着てもらい，その後Tシャツをポリ塩化ビニリデン（PVDC）で覆われた箱に入れてもらった。なお，箱には臭いを嗅ぐための三角形の穴を開けている。男子学生には，この二日間の間は極力においがつく生活（たとえば，禁酒，禁煙，臭いのきつい食べ物，性行為など）を避けてもらった。

　女子学生たちには，火曜に男子学生たちが 2 日間着たTシャツのにおいを嗅いでもらい，においの心地良さ，セクシーさ，強度などについて 11 段階（0〜10 尺度で 5 がニュートラル）で評価してもらった。その際，それぞれの女子学生は，事前に調べてある HLA 型が似ている男性のTシャツ 3 名分と HLA 型が異なる男性のTシャツ 3 名分の合計 6 名分のTシャツのにおいを嗅いで評価してもらった（嗅ぐTシャツの順番はランダムに提示）。さらに，Tシャツ自体のにおいの影響をコントロールするために，未使用のTシャツのにおいも嗅いでもら

---

1) 本章で紹介する論文では，多くの場合 HLA ではなく MHC という表記が用いられているが，ここでは便宜上すべて HLA に統一した。

> 実験参加者はスイスのベルン大学の学生（女性49名および男性44名）
> 事前に実験参加者の血液を採取してMHC（=HLA）を調べておいた

> 男性実験参加者に2日間（日曜から月曜にかけて）同じTシャツを着続けてもらい，この二日間の間は極力においがつく生活（例えば，禁酒，禁煙，臭いのきつい食べ物，性行為）を避けてもらった

> その後男性の着たTシャツをポリ塩化ビニリデン（PVDC）で覆われた箱に入れ，においを嗅ぐための三角形の穴を開ける

> 女性実験参加者には生理開始からおよそ2週間後に，それぞれHLAが似ている男性のTシャツ3名分，HLAが異なる男性のTシャツ3名分の計6名分のTシャツのにおいをランダムに嗅いでもらい，においの心地良さやにおいの強度などについて評価してもらった。

HLAが似ている男性のTシャツ3名分

HLAが異なる男性のTシャツ3名分

> 女性実験参加者の中で，経口避妊薬（ピル）を服用していた女性とピルを服用していない女性で，においの心地良さや強度の評価に違いがあるかどうかを比較検討

図8-2 ヴェデキントら（Wedekind et al., 1995）のTシャツ実験の流れ

った（図8-2参照）。また，女子学生には，可能な限り生理が始まってからおよそ2週間後（女性がにおいに最も敏感になるとされている時期）ににおいを嗅いでもらった。なお，女子学生はどのTシャツの持ち主が自分のHLAと似ているか（あるいは異なっているか）は知らされていない。

### ■ 2-3　実験結果

データの分析の結果，Tシャツの匂いに対して感じる心地よさとセクシーさには強い相関が見られたため（$r = .85, p < .001, n = 297$），論文では心地よさの方

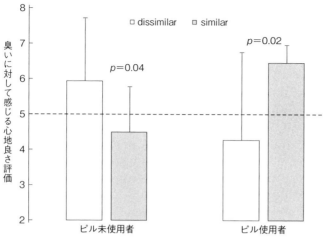

図 8-3　それぞれの男性を分析単位とした場合の結果（中央値＋四分位数）
（検定はウィルコクソンの符号順位検定（Wilcoxon signed-rank test）が用いられている）

についてのみ報告されている。

　実験参加者の女性がTシャツの匂いに対して感じる心地よさの度合いは，女性のHLA型と深い関連が見られた。簡単に言うと，自分とはHLAが異なる男性（その女性の遺伝的資質とは異なる免疫システムを有する男性）の匂いほど心地よさを感じる度合いが高いという結果が示された。このことは，男女が恋愛関係を構築する上で，女性は自分とはHLAが異なる異性を求めている，つまり異性の好み（この場合はHLAの好み）はTシャツの匂いのように体臭の好みとして発現してくることを示している。

　一方で，実験参加者の女性のうち経口避妊薬（ピル）を服用していた女性は，ピルを服用していない女性とは逆に，自分と似たHLAの男性の匂いに惹かれたことも判明した（図 8-3）[2]。

　Tシャツの匂いに感じる強度については，HLAが似ている男性の匂いを嗅いだ場合とHLAが異なる男性の匂いを嗅いだ場合の間に有意差は見られなかった。しかし，匂いに感じる強度と匂いに感じる心地よさの間をみると，HLAが似ている場合は2つの変数に相関は見られないが（$r = .004, p = .98$），HLAが

異なる場合は匂いに感じる強度が強いほど，匂いに感じる心地よさは低くなるという負の相関が認められた（$r = -.35, p = .01$）。つまり，HLA が異なる場合は，男性の匂いを強烈だと感じるほど，その男性の匂いに対する心地良さも低くなるという，ある意味直感的にも納得がいく結果となっているが，HLA が似ている場合はそうした傾向は見られなかったことになる。

　また，HLA が異なる男性の匂いを嗅いだ場合には，自分の彼氏や元彼のことを思い出したと回答した人の割合が，HLA が似ている男性の匂いを嗅いだ場合の約 2 倍も多かったことが報告されている。HLA が異なる男性の匂いは，女性に自分のパートナーのことを想起させるという非常に興味深い結果であった。

　ヴェデキントら（Wedekind et al., 1995）の研究は，その後多くの研究者に注目され，いくつもの追試が行われている。2008 年までに行われた研究のレビュー（Havlicek & Roberts, 2009）によると，これまでの研究結果には一貫性が見られず，まだ明確な結論が出せる段階には至っていないという。

## 3　ロバーツらの後続研究

### ■ 3-1　ヴェデキントら（Wedekind et al., 1995）の実験の補完

　ヴェデキントら（Wedekind et al., 1995）の実験では，参加者の女性のうち経口避妊薬（ピル）を服用していた女性は，ビルを服用していない女性とは逆に，自分と似た HLA の男性の匂いに惹かれたという興味深い結果がみられたが，これについては，ピル使用群のサンプルサイズが 18 名（非使用群は 31 名）と小さいという理由で批判されている（Hedrick & Loeschke, 1996）。また，ヴェデキ

---

2) 避妊ピルは基本的に体を騙してすでに妊娠していると思わせ，女性の生殖ホルモンレベルを変化させる。このホルモンの変化が香りの好みに影響すると考えられている。女性が妊娠しているとき，身近な親族に囲まれていることは有益である。似たような HLA 型を持つ人々は血縁関係にある可能性が高いので，ピルは妊娠を模倣する間接的な効果として，女性の香りの好みを似たような HLA 型を持つ男性にシフトさせるのかもしれない（Wedekind et al., 1995）。しかし，この点についてはさらなる研究が必要である。

ントら（Wedekind et al., 1995）の実験は，実験参加者間デザインであったため，ピル使用女性と非使用女性との間の何らかの差異が HLA に関連した嗜好の違いにつながった可能性も指摘されている。特に，実験参加者内デザインでないという問題点を解決するために，ロバーツら（Roberts et al., 2008）は実験参加者内デザインを用いて同一女性のピル使用開始前と開始後に HLA が匂いの好みに与える影響を比較検討した。

### ■ 3-2　実験デザイン

ロバーツら（Roberts et al., 2008）の研究では，避妊用ピルの使用が匂いに対する選好に影響を与えるかどうかを，縦断的デザインにより直接的に検証している。彼らの研究では，ヴェデキントら（Wedekind et al., 1995）と同じく，女性は 6 人の男性（HLA 類似 3 人，HLA 非類似 3 人）の匂いを評価している。実験参加者の女性には，約 3 ヶ月の間隔を置いて 2 回テストを実施した。セッション 1 では，女性は月経周期の卵胞期に匂いのテストを行った。

参加した女性の大半は，ニューカッスル大学の学生やスタッフであり，広告や口コミにより募集された。一部の参加者は地元の避妊クリニックから募集した。第 1 セッションの参加条件として，ホルモン避妊法のいかなる形態も使用していない，妊娠していない，定期的に月経を経験する異性愛者の女性であることが求められた。

実験の第 2 セッションにおけるピル使用群へ割り当てられる女性は，ピルの使用を計画または検討しており，実験のスケジュールに合わせての開始を希望する女性である。倫理的な配慮から，ピル使用群とピル非使用群（コントロール・グループ）への割り当ては，実験者の判断ではなく，完全に実験参加者（ボランティア）の意向に基づいて行われた。18 歳〜35 歳の女性 193 人がこの実験に登録したが，97 人が実験を完全に完了した（両セッションに参加）。総サンプルサイズは，第 1 セッションが 110 人（ピル未使用），第 2 セッションが 100 人（ピル非使用者 60 人，ピル使用者 40 人），2 つのセッションにおける参加者間の比較が 97 人（コントロール・グループ 60 人，ピルグループ 37 人）である。匂いの提供者として参加した男性は，18 歳から 35 歳までのタバコを吸わない 97 名の異性愛者である。

## ■ 3-3 実験結果

いくつかの先行研究とは異なり，ロバーツらの研究では，表8-1に示すように，避妊用ピルを使用する前の段階の卵胞周期の女性は，HLA非類似男性とHLA類似男性の匂いの評価において有意な差を示さなかった。

セッション2では，39名の女性がピルを使用していたが，セッション1と同じく，どの比較でも有意な違いは認められなかった。この結果から，ロバーツらの実験参加者において，通常の月経周期の女性がHLA非類似性を一般的に好むという傾向は確認できず，また，ピル使用とHLA類似性の好みにも関連は見られなかった。

ロバーツらは，ヴェデキントら（Wedekind et al., 1995）の結果が再現できなかった理由として，ヴェデキントらとの方法論に違い（たとえば，ヴェデキントらが着用したてのTシャツを嗅覚者に提示したのに対し，ロバーツらはシャツを回収してから提示するまでの間，冷凍庫で保管したことなど）があったからではないかと推察しているが，この点については明確にはなっていない。

上述のとおり，HLAに関連する一般的な嗜好性は確認されなかったものの，ロバーツらは2回のセッション間での匂いの嗜好性の変化も検討している。具体的には，各女性のHLA非類似男性の匂い評価とHLA類似男性の匂い評価の差を計算し（正のスコアはHLA非類似臭の好みを示す），その後，多変量反復測

表8-1　第1セッションの結果 (Roberts et al., 2008 : 2718, Table 1)

（卵胞期後期（セッション1）にテストされた110人の通常の月経周期を持つ女性が，3人のHLA類似および3人のHLA非類似の男性の匂いに与えた平均スコア）

| 属性 | 類似 | 非類似 | paired $t$ | 自由度 | $p$ 値 |
|---|---|---|---|---|---|
| **すべての女性** | Mean ± s.e. | | | | |
| 快適さ | 3.95 ± 0.08 | 3.89 ± 0.09 | 0.41 | 109 | 0.685 |
| 望ましさ | 3.47 ± 0.10 | 3.42 ± 0.11 | 0.37 | 109 | 0.713 |
| 匂いの強度 | 4.25 ± 0.09 | 4.50 ± 0.09 | 1.95 | 109 | 0.053 |
| **英国の女性のみ*** | | | | | |
| 快適さ | 3.77 ± 0.11 | 3.87 ± 0.13 | 0.57 | 84 | 0.569 |
| 望ましさ | 3.35 ± 0.13 | 3.42 ± 0.14 | 0.44 | 84 | 0.661 |
| 匂いの強度 | 4.18 ± 0.13 | 4.32 ± 0.12 | 0.78 | 84 | 0.436 |

*コアサンプルは，非英国の女性と，参加者がタバコの煙や香りのある製品の匂いがすると指摘した非英国の男性が着用したシャツを除外した場合の結果。

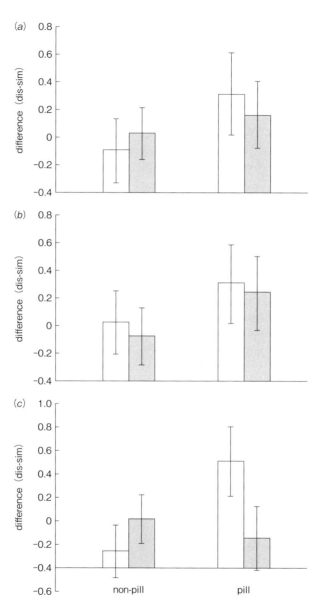

図 8-4　ピル使用女性と非使用女性による HLA 類似男性と HLA 非類似男性の匂い評価の平均差
（白い棒＝初回のテスト；色付き棒＝ 2 回目のテスト）(a) ＝快適さ，(b) ＝匂いの強度，(c) ＝望ましさ（Roberts et al.,
2008：2719, Figure 2.）

定分散分析を通じて HLA 非類似性への相対的な嗜好性の変動を評価した。全サンプルを基にした結果では，有意な主効果や交互作用は確認されなかった。

　しかし，英国人女性のサンプルのみを対象にした場合，セッションとグループの間で有意な交互作用（F[3, 71] = 3.05, *p* = 0.034）が観察された。この結果は，特に望ましさの評価（F[1, 73] = 3.63, *p* = 0.061），快適さ（F[1, 73] = 0.22, *p* = 0.64），匂いの強さ（F[1, 73] = 0.01, *p* = 0.92）の評価に影響を受けている。図 8-4 に示すとおり，ピル使用群は 2 回のセッションを通じて HLA 非類似性への好みが減少している。一方で，コントロール群（ピル非使用群）は HLA 非類似性への好みが（匂いの強度を除いて）わずかに増加する傾向も見られた[3]。ピル非使用のコントロール群におけるわずかな数値の変化は，嗅覚テストの経験が増えたことにより，HLA 非類似性に対する好みが若干強まった結果と解釈できるかもしれないが，この変化はピル使用群には見られなかった。

　避妊用ピルの使用に関連して，HLA 類似性への明確な選好の変化が確認された。ロバーツらは，もし人間の配偶者選択において匂いが関係するのであれば，避妊用ピルの使用によって異類交配的な選好が混乱する可能性があると指摘している。

## 4　プロブストらの後続研究

　ヴェデキントら（Wedekind et al., 1995）では匂いの提供者は男性で，匂いを嗅ぐ役割は女性のみであったが，では，逆の場合はどうなるのであろうか。つまり，男性が HLA の異なるあるいは似ている女性の匂いを嗅いだ場合も，同様の結果となるのであろうか。ヴェデキント自身による追試（Wedekind & Furi,

---

3）ロバーツらは，セッション間での評価基準の適用の違いが，関連効果の明確さを損なう可能性も検討した。具体的には，女性がセッション 1 の経験を基に匂いに対する感じ方を変え，それがピル使用群と対照群で異なるかもしれないという点を考えた。この問題を考慮して z スコアを使用した再分析を行ったところ，有意なセッション - 群交互作用（F（3, 64）= 2.82, p = 0.046）が確認され，特に望ましさの評価（F（1, 66）= 4.07, p = 0.030），快適さ（F（1, 66）= 0.55, p = 0.46），および匂いの強さ（F（1, 66）= 0.37, p = 0.54）がその要因であることが示された。

1997）では，男性が女性の匂いを嗅ぐパターンも実験しているのだが，この実験では匂いの提供者の女性がわずか2名と少なく，結果がどこまで一般化できるか不透明な部分がある。

　そこで，プロブストら（Probst et al., 2017）はヴェデキントら（Wedekind et al., 1995）の実験とは逆に，男性に女性の匂いを嗅いでもらって，匂いに感じる魅力度や心地よさなどが HLA の類似度と関連があるかどうかについて以下のような実験を行っている。

### ■ 4-1　実験参加者

　まず女性 49 名（平均 23.27 歳，SD = 3.8），男性 96 名（平均 23.41 歳，SD = 3.71）が実験参加の意思表示をしたが，後述する理由で，最終的には匂いの提供者の女性は 42 人，匂いを嗅ぐ役割の男性は 94 人となった。すべての実験参加者は白人でヨーロッパ系の人たちであった。

　女性の匂い提供者の年齢は 17 歳から 40 歳でピルなどの投薬を受けておらず，月経周期が平均して 25 日〜35 日で，当時妊娠していないあるいは授乳期にはないタバコを吸わない人たちであった。一方，匂いを嗅ぐ役割の男性も非喫煙者である。

　なお，事前に実験参加者の血液を採取して HLA-class I（HLA-A, HLA-B, and HLA-C）および HLA-class II（HLA-DRB1, HLA-DQA1, and HLA-DQB1）の型を調べておいた。

### ■ 4-2　実験方法

　女性の体臭は月経周期によって異なることが知られていたため，この実験では，排卵直前に実験参加者の女性に自身の匂いを集めてもらった。具体的には，実験参加者の女性には，予想される排卵日の 1 日前から 3 夜連続してコットン100％のパッドで匂いを採取してもらった（パッドは毎日新しいものを使用）。コットン・パッドはプラスチックのバッグに入れ実験室に送ってもらい，実験室ではそれをマイナス 30℃で冷凍して保存した。

　49 名の匂い提供者のうち，匂いを採取していた日に薬を服用した，あるいは自分のパートナーと同じベッドで寝たなど，実験者が求めていた条件に反する

女性が7名いたので，彼女たちはその後の分析から除外した。従って，最終的には匂いの提供者は42名の女性で，合計120個のパッドが集められた。

匂いを嗅ぐ役目の男性たちには，実験の1時間前までに飲食やアルコール・カフェイン入りの飲み物を飲まないように指示を出していた。

男性には一人につき8名分（HLAが似ている4名とHLAが異なる4名）の女性の匂いを嗅いでもらい，0点〜100点のビジュアルアナログスケールでその匂いの魅力度，心地良さ，匂いの強度について評価してもらった。もし匂いを嗅いでいて判定が難しい場合は，匂いを判定できない旨を報告してもらった。なお，匂いを嗅ぐ時間には特に制約を設けていない。

### ■ 4-3　実験結果

図8-5には，男性の評価者についてID1番から25番までの結果を示しておく（なお元の論文では94名分すべてについての結果が図示されている）。この図を見ても分かるとおり，男性実験参加者が女性の臭いを嗅いだ場合，匂いの好き嫌いに個人差があり好きな匂いと嫌いな匂いは嗅ぎ分けられることが示されているが，HLAが似ているかどうかと匂いに対する魅力度評価の間には有意な関連は見られていない（$M = 43.78$, $SD = 15.0$［HLA似ている］vs. $M = 43.35$, $SD = 13.36$［HLA異なる］；$t_{93} = -0.23$, $p = .813$）。同様に匂いに感じる心地良さについても，HLAが似ているかどうかに関して有意な関連は見られなかった（$M = 43.24$, $SD = 15.68$［HLA似ている］vs. $M = 42.45$, $SD = 12.25$［HLA異なる］；$t_{93} = -0.40$, $p = .694$）

プロブストらは，さらに評定者の男性の家族関係が匂いの評価に影響を与えていないかどうかも調べている。具体的には，HLAが似ているかどうか（＝実験参加者内要因）に加えて，男性評定者が独身かどうかを実験参加者間要因に加えた反復測定分散分析を行って確かめている。その結果，HLAの類似度と独身かどうかの主効果，および2つの変数の交互作用のいずれも有意ではなかったことが報告されている。

これらの結果から，女性とは異なり男性は異性の体臭について好き嫌いは判別できるものの，HLAが似ているかどうかと匂いの好き嫌いには関連がなかったことが示された。

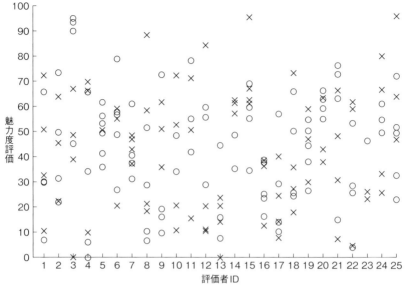

図 8-5　男性の評価者 25 名分について女性の匂いの魅力度評価の結果の図示
（○は HLA が似ている場合, × は HLA が異なる場合の結果である）

　プロブストらの研究では, 他にも HLA の遺伝子座（HLA-A, HLA-B, HLA-C, HLA-DRB1, HLA-DQB1）におけるアレル頻度と匂いの評価の関連やヘテロ接合度（heterozygosity：遺伝的多様性を測る指標）と匂いの評価の関連なども分析しているが, 匂いの好みとの間に有意な関連は見られていない。

## 5　現実の配偶者選びと HLA の関係

　それでは, 実際に我々がパートナーを選ぶ際に, 意識的にせよ無意識的にせよ, 匂いをもとに HLA が似ているかどうかを判断基準にしているのであろうか。その問いに対して, 実際のカップルを対象に調査した研究がいくつかある。その中でも最もよく言及されるものの 1 つに, オーバーら（Ober et al., 1997）が米国サウスダコタ州に居住しているフッター派の人たちを対象に行った調査研究がある。厳格なキリスト教徒であるフッター派の人々は近代社会から隔絶し

たコロニー暮らしを長年続けており，他の集団に比べて HLA 型の種類も少ないため，調査対象としては打ってつけと言える。オーバーらの調査結果では，調査に協力した 411 組の夫婦の間で HLA が類似していたカップルは，44 組で全体の 10.7% であったという。この数字はコロニーの人たちからランダムに婚姻相手を選んだ際に生じると考えられる確率（コンピュータシミュレーションを用いて計算されたもの）より有意に少ないことが示されており，フッター派の人々の配偶者選びに HLA が一定の影響力を持っていることが示された研究として知られている（Ober らの研究については，山元，2001 が詳しく解説している）。しかし，一方で米国南部の先住民を対象に調査したヘドリック ＆ ブラック（Hedrick & Black, 1997）の研究や日本人のカップルを対象に調査したイハラら（Ihara et al., 2000）の研究では，HLA の類似度とパートナー選びには関連は見られないという分析結果も報告されている。

　言うまでもなく，現代社会に生きる我々は相手の性格や外見，社会的地位など様々な要素を加味して恋愛相手や結婚相手を選んでいるはずであり，HLA の類似度だけを頼りに選択しているわけではないであろう。さらに，人は香水を始め様々な人工的な匂いを身にまとうことも多いため，日常生活における匂いとパートナー選びの関連はより複雑であると思われる。

　なお，後続研究の 1 つ（Garver-Apgar et al., 2006）は，この免疫システム（MHC = HLA）の部分で類似の遺伝子を持つ男性と結婚している女性はパートナーに対する性的反応性や性的満足度にマイナスの影響を持つという結果を報告している。自己報告とパートナーからの報告の両方で関連性が明らかになったことから，これらの効果が実際に存在することが強く示唆される。さらに，HLA の共有が多くなるにつれて，女性は現在のパートナー以外に性的関係をもつ人数も増え，また彼女たちの受胎可能期に，特に自らのパートナーよりも外部の男性に対して魅力を強く感じることが判明している。

　ところで，近年テレビや一般向け書籍，ウエッブサイトなどで HLA と恋愛の関連が注目されており，中には DNA 婚活と呼ばれる HLA のマッチング度によってパートナーを選ぶようなサービスまで登場している。DNA 婚活については賛否両論あるが，今後の動向に注目していく必要がありそうだ。

## 6　女性の異性に対する顔の好みには何が影響しているのか

　ここまで HLA と異性との相性の問題を取り上げたが，先に述べたように，我々が恋愛相手や結婚相手を選択する時には，相手の性格や外見，社会的地位など様々な要素を加味して選んでいるはずであり，匂いとして感知される HLA の類似度・相違度だけを頼りに選択しているわけではないであろう。とりわけ，恋愛において相手の外見を重視する人の割合は高いことがわかっている。

### ■ 6-1　顔の好みと HLA の類似度との関係

　では，この章で取り上げた HLA と顔の好みとには何か関連が見られるのであろうか。この問いに対して，ロバーツら（Roberts et al., 2005）は興味深い実験を行っている。彼らの実験参加者はニューカッスル大学の学生・職員で 18 歳から 35 歳の男性 75 人，女性 92 人。いずれも白人でイギリス出身者である。この実験は，匂いではなく男性の顔写真を女性参加者が評定するというものであった。事前に実験参加者の HLA-A, -B and -DRB1 の 3 ヶ所の遺伝子型を調べておき，それぞれの女性には HLA が似ている男性 3 名と異なる男性 3 名の合計 6 名分の顔写真についてその男性に感じる魅力度を 7 段階（1 = unattractive～7 = attractive）で評定してもらった。また，HLA の類似度以外の変数として，顔写真の男性と短期的な関係を持つと仮定した場合と長期的な関係を持つと仮定した場合の 2 条件の両方で顔の魅力度を評定してもらった。

　なお，女性の男性の顔の好みは生理周期によって異なることが知られているため，この実験では生理開始後 10～14 日の間に女性には写真の評定をしてもらった（月経周期との関係は後述する）。

　データの分析に際し，男性を分析単位にしたものと女性を分析単位にしたものの両方を試みている。さらに，一人の男性は複数の女性に評価されているが，女性によって判定の甘い辛いの違いがあるかも知れないので，データを標準化しスコアに変換した分析も併せて実施している。

　ここでは結果の詳細には立ち入らないが，反復測定分散分析により分析を行った結果，ロバーツら（Roberts et al., 2005）の予想に反して，図 8-6 に示すとお

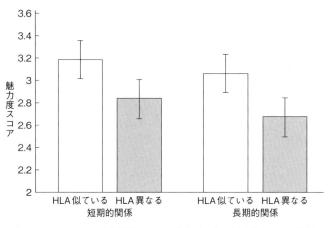

図8-6　ロバーツらの分析結果：HLA の類似度と顔の魅力度評価との関係

り，彼らの実験では HLA が異なる男性より似ている男性の方がより魅力的と
評価されている。この結果は，相手と短期的で一時的な関係を想定して回答し
てもらった場合と，長期的な関係を想定して回答してもらった場合でも違いが
見られていない。

　ロバーツら（Roberts et al., 2005）は予想に反する結果が得られたことに対す
る理由の可能性をいくつか上げている。たとえば，顔のような外見的特性の好
き嫌いは，極端に異なる遺伝子型の相手をフィルターにかける働きをする一方，
匂いの好みの判断は逆に非常に似た遺伝子型を持った相手を除外する働きをす
るため，この2つのモダリティの組み合わせで最適レベルの異系交配が可能と
なるという解釈が可能としている。

### ■ 6-2　顔の好みと女性の月経周期との関係

　ペントン＝ヴォーク＆ペレット（Penton-Voak & Perrett, 2000）は，女性の男
性の顔に対する好みに生理周期が影響することを示した自分たちの先行研究
（Penton-Voak et al., 1999；学生を対象にしていた研究）を元に，学生以外の多様な
年齢の女性にも同様のことが当てはまるのかどうかを以下のような調査を行っ
て調べている。

　彼らはまず，女性 40 人，男性 21 人の大学 2 年生の顔写真を撮影し，それぞれの顔の合成写真（平均顔）を作成。そして，それらを使って 21 人の男性の平均顔を，女性的（－50％），やや女性的（－30％），中間（ 0 ％），やや男性的（30％），男性的（50％）の 5 つの合成写真を作成した。

　次に彼らは，*Tomorrows' World* という女性向け雑誌にアンケートを挿入し，その 5 つの写真のどれが最も魅力的だと思うかを読者に尋ねている。他にも，回答者の年齢，ピル使用の有無，妊娠しているかどうか，直近の生理開始から何日経っているかなどについて詳しく尋ねている。

　読者の 178 人から回答が得られたが，彼らの研究目的からして経口避妊薬（ピル）を使用している回答者や生理周期が異常に長い人を分析から除外し，最終的に 139 名分のデータを分析対象としている（回答者の年齢は 14 歳～50 歳で平均 30.7 歳である）。

　まず，月経周期モデルの 28 日型をもとに，卵胞期（生理が始まってから 6 日～14 日目）にある女性を受胎可能性高群（$n = 55$），それ以外の女性（生理開始直後や黄体期にある女性）を受胎可能性低群（$n = 84$）にわけこの 2 つの群で顔の好みが異なるかどうか比較検討している。

　分析の結果，図 8-7 に示すように，受胎可能性低群に分類された女性の場合，5 つの写真の中で最も魅力的と判断された顔はやや女性的（－30％）の割合が他よりやや高い傾向にはあるが，女性的に加工されたものから男性的に加工されたものまで概ねほぼ均等に分布している（$\chi^2 = 3.024$, $df = 4$, *n.s.*）。一方，受胎可能性高群に分類された女性の場合は 5 つの顔写真が均等に選ばれてはおらずやや男性的（30％）の顔が他の 4 つの顔より顕著に多く選ばれている（$\chi^2 = 11.45$, $df = 4$, $p = .022$）。

　経口避妊薬（ピル）の使用者は上記の分析からは除外されているが，ペントン＝ヴォークらは別途ピル使用者のみ（$n = 39$）でも同様の分析を行っており，生理周期と顔の好みとの間には有意な関連は見られていない。

　これらの結果から，妊娠する可能性が高い時期にある女性は，そうでない女性より男性的な顔に魅力を感じることが明らかとなった。ペレットら（Perrett et al., 1998）やペントン＝ヴォークら（Penton-Voak et al., 1999）の研究では日本人女子学生も含めて，女性はやや女性的な男性の顔に最も魅力を感じる傾向が

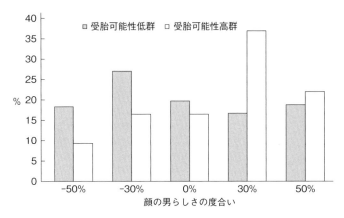

図 8-7　月経周期による男性の顔の好みの違い（Penton-Voak & Perrett, 2000）

あることがわかっている。受胎可能性低群の結果はこれら先行研究と同様の傾向を示している（ただし上述のようにこの実験では 5 つの顔写真の間に有意差は見られていないが）。女性的な顔の男性の方が，男性的な男性の顔より，パーソナリティ特性として協力的で誠実，また良き父親になると判断されやすいことがわかっている（Perrett et al., 1998）。一方，より男性的特性を示す顔の持ち主は生存・繁殖に有利な遺伝子（good genes）[4]を持っていると判断されることも示されてきた。そのため，受胎可能性が高い時期には，より適応的な遺伝子を持っていると判断される男性的特性を示す顔の方が好まれるのではないかと言われている。

　なお，前述のようにこの研究は *Tomorrows' World* という女性向け雑誌に掲載したアンケート調査に自主的に回答した女性についての分析結果である。従って，この研究で示された結果がどこまで一般化できるのかは明らかではない。また，上に紹介した研究では受胎可能性高群と受胎可能性低群の女性は異

---

4）good genes とは特定の環境条件下で生存や繁殖に成功する確率を高める遺伝的特徴を指すもので，遺伝子が「良い」「悪い」という価値判断を表すものではない。これは生物の進化と繁殖行動を理解する上で重要な概念であり，個体の選択が種の遺伝的多様性と進化にどのように影響を与えるかを考察する際に用いられている。

なる女性である。従って，同じ女性で生理周期によって男性の顔の好みが変わるのかどうかはこの研究だけでははっきりしない。

この点について，ウェリングら（Welling et al., 2007）らは同じ女性を実験参加者とした研究でこのことを確かめている。彼らの研究結果でも同様に，妊娠の可能性が高い時期の方が，それ以外の時期より男性的な顔を好む傾向があることが示されている[5]。

### 引用文献

Buss, D. M. (1989). Sex differences in human mate preferences: Evolutionary hypotheses tested in 37 cultures. *Behavioral and Brain Sciences, 12*(1), 1-49.

Garver-Apgar, C. E., Gangestad, S. W., Thornhill, R., & Miller, R. D. (2006). Major histocompatibility complex alleles, sexual responsivity, and unfaithfulness in romantic couples. *Psychological Science, 17*(10), 830-835.

Havlicek, J., & Roberts, S. C. (2009). MHC-correlated mate choice in humans: A review. *Psychoneuroendocrinology, 34*(4), 497-512.

Havlicek, J., Saxton, T. K., Roberts, S. C., Jozifkova, E., Lhota, S., Valentova, J., & Flegr, J. (2008). He sees, she smells? Male and female reports of sensory reliance in mate choice and non-mate choice contexts. *Personality and Individual Differences, 45*(6), 565-570.

Hedrick, P., & Black, F. L. (1997). HLA and mate selection: No evidence in south amerindians. *The American Journal of Human Genetics, 61*(3), 505-511.

Hedrick, P., & Loeschke, V. (1996). MHC and mate selection in humans? *Trends in Ecology & Evolution. 11*(1), 24.

Herz, R. S., & Inzlicht, M. (2002). Sex differences in response to physical and social factors involved in human mate selection: The importance of smell for women. *Evolution and Human Behavior, 23*(5), 359-364.

Ihara, Y., Aoki, K., Tokunaga, K., Takahashi, K., & Juji, T. (2000). HLA and human mate choice: Tests on japanese couples. *Anthropological Science, 108*(2), 199-214.

Ober, C., Weitkamp, L. R., Cox, N., Dytch, H., Kostyu, D., & Elias, S. (1997). HLA and mate choice in humans. *The American Journal of Human Genetics, 61*(3), 497-504.

小川公明 (2016). HLA の基礎知識 1. *Major Histocompatibility Complex, 23*(2), 115-

---

5) なお，彼らの研究では，その要因の1つとして女性のテストステロン値に注目している。女性のテストステロン値は，排卵日前後に最も高くなり，その時期に最も男性的な顔立ちを好む傾向があることが判明した。

122.

Penton-Voak, I. S., Perrett, D. I., Castles, D. L., et al. (1999). Menstrual cycle alters face preference. *Nature, 399*(6738), 741-742.

Penton-Voak, I. S., & Perrett, D. I. (2000). Female preference for male faces changes cyclically: Further evidence. *Evolution and Human Behavior, 21*(1), 39-48.

Perrett, D. I., Lee, K. J., Penton-Voak, I., Rowland, D., Yoshikawa, S., Burt, D. M., Henzi, S. P., Castles, D. L., & Akamatsu, S. (1998). Effects of sexual dimorphism on facial attractiveness. *Nature, 394*, 884-887.

Probst, F., Fishbacher, U., Lobmaier, J. S., Wirthmüller, U., & Knoch, D. (2017). Men's preferences for women's body odours are not associated with human leucocyte antigen. *Proceedings of the Royal Society B: Biological Sciences, 284*(1864), 2017830.

Roberts, S. C., Gosling, L. M., Carter, V., & Petrie, M. (2008). MHC-correlated odour preferences in humans and the use of oral contraceptives. *Proceedings of the Royal Society B: Biological Sciences, 275*(1652), 2715-2722.

Roberts, S. C., Little, A. C., Gosling, L. M., Jones, B. C., Perrett, D. I., Carter, V., & Petrie, M. (2005). MHC-assortative facial preferences in humans, *Biology Letters, 1*(4), 400-403.

Wedekind, C., & Furi, S. (1997). Body odour preferences in men and women: Do they aim for specific MHC combinations or simply heterozygosity?, *Proceedings of the Royal Society B: Biological Sciences, 264*(1387), 1471-1479.

Wedekind, C., Seebeck, T., Bettens, F., Paepke, A. J. (1995). MHC-dependent mate preferences in humans. *Proceedings of the Royal Society B: Biological Sciences, 260*(1359), 245-249.

Welling, L. L. M., Jones, B. C., DeBruine, L. M., Conway, C. A., Law Smith, M. J., Little, A. C., Feinberg, D. R., Sharp, M. A., & Al-Dujaili, E. A. S. (2007). Raised salivary testosterone in women is associated with increased attraction to masculine faces. *Hormones and Behavior, 52*(2), 156-161.

山元大輔 (2001). 恋愛遺伝子——運命の赤い糸を科学する, 光文社.

### コラム⑦　AVPR1A 遺伝子の話

　ウォルムら（Walum et al., 2008）は，スウェーデンの 552 組の双子とその配偶者を対象とした興味深い研究を行っている。彼らは研究参加者から，親子関係，夫婦関係，性格，愛着スタイル，精神的健康についての詳細なデータを収集した。参加者の多くは中流階級の白人で，82%が既婚者，残りの 18%は同棲しているが未婚である。総計 2,186 名の成人が研究に参加し，その中で 1,899 名が DNA サンプルを提供している。

　AVPR1A 遺伝子（Arginine Vasopressin Receptor 1A［アルギニンバソプレッシン受容体 1A］）は，社会的な行動や絆の形成に関与することが知られている（Walum et al., 2008）。特に，ネズミの研究において，この遺伝子の変異や発現の違いが親子間の絆やパートナーとの絆の形成に影響を与えることが示されてきた。

　ウォルムらの研究では，最も一般的な RS3 対立遺伝子の 1 つである対立遺伝子 334 は，パートナーの絆スケール（Partner Bonding Scale）を用いて評価した男性におけるパートナーとの絆の認識と関連していた（表 1 参照）。ウォルムらの研究結果は，AVPR1A 多型とヒトのペアボンディング行動との間に，おそらくハタネズミで報告されたものと類似した関連があることを示唆している。

　ウォルムらはまた，AVPR1A 遺伝子の RS3 334 変異体を持つ男性は，この対立遺伝子を持たない男性に比べて，結婚する可能性が低く，夫婦の危機を経験する可能性が高く，また配偶者は夫婦の満足度が低いと評価していることを報告している。

　以下に彼らの研究結果について簡単に紹介しておく。

　AVPR1A 遺伝子内の 3 つの異なる部位（RS1, RS3, $GT_{25}$）に存在する短い DNA 配列の変異，つまり，AVPR1A 遺伝子内の 3 つの部位において，DNA 配列が異なるバリエーションが存在しているが，ウォルムらはまず，RS3-リピート多型のみがパートナー絆スケール得点と関連していることを明らかにした。ただし，この関連は男性においてのみ報告されている（また効果量も比較的小さいものであった : $d = 0.27$）。女性の場合は，

表1　男性における RS3 対立遺伝子の違いとパートナー絆スケールとの関連性

| アレル | 頻度 | % | Mean | df | F | P |
|---|---|---|---|---|---|---|
| 320 | 21 | 2.3 | 48.8 (6.21) | 1, 12 | 1.52 | 0.24 |
| 330 | 92 | 9.9 | 47.6 (7.18) | 1, 37 | 0.21 | 0.65 |
| 332 | 128 | 13.8 | 47.5 (6.45) | 1, 50 | 0.06 | 0.81 |
| **334** | **371** | **40** | **46.2 (6.23)** | **1, 130** | **16.35** | **< 0.0001** |
| 336 | 359 | 38.7 | 47.6 (6.35) | 1, 133 | 1.51 | 0.22 |
| 338 | 170 | 18.3 | 48.3 (6.21) | 1, 77 | 4.73 | 0.03 |
| 340 | 263 | 28.4 | 47.5 (6.56) | 1, 106 | 0.4 | 0.53 |
| 342 | 30 | 3.2 | 47.0 (4.49) | 1, 12 | 0.05 | 0.82 |
| 344 | 23 | 2.5 | 45.6 (6.43) | 1, 8 | 1.64 | 0.24 |
| 346 | 126 | 13.6 | 46.7 (6.87) | 1, 60 | 1.3 | 0.26 |
| 348 | 37 | 4 | 47.9 (8.47) | 1, 16 | 0.36 | 0.55 |

分析は、対立遺伝子を1つまたは2つ持つ個体と、持たない個体との比較で行われた。「頻度は」、対立遺伝子を1つまたは2つ持つ個体の数の頻度を示す。「Mean」は、パートナー絆スケールの平均値である。n>10 の対立遺伝子のみが分析に取り入れられ、その結果、6つの対立遺伝子が除外された。

　RS1, RS3, GT$_{25}$ のいずれにおいても、パートナー絆スケール得点とは有意な関連を示していない。

　表2に示すとおり、パートナーの絆スケール得点は 334 アレルを2コピー持っている男性の得点が最も低くなっている。ただし、効果量については、334 対立遺伝子を持たない男性と 334 ヘテロ接合体の間で $d =$ 0.27、334 対立遺伝子を持たない男性と 334 ホモ接合体の間で $d=0.38$ であり比較的小さいものであった。

　また、334 アレルを持たない男性の 15% が夫婦の危機を経験したと報告したのに対して、この対立遺伝子を2コピー持つ男性の 34% が夫婦の危機を報告したことから、334 対立遺伝子のホモ接合体は 334 対立遺伝子を持たない場合に比べて夫婦の危機のリスクが2倍になることが示唆されている。さらに、334 対立遺伝子は婚姻状況と関連しており、334 対立遺伝子を持たない男性（17%）よりも 334 ホモ接合体（32%）の男性方が非婚の割合が有意に高いという結果であった。

　ただし、AVPR1A 多型の効果量が比較的小さいことは、この多型が

表2　334アレル（対立遺伝子）の数（0，1または2個）が，パートナーの絆スケール，夫婦の危機，および婚姻状態に関する男性の報告に及ぼす影響

| | 334アレルの数 | | | | | |
| | 0 | 1 | 2 | df | F | p |
|---|---|---|---|---|---|---|
| パートナー絆スケール<br>得点 | 48.0 (6.50) | 46.3 (6.16) | 45.5 (6.71) | 2, 143 | 8.40 | 0.0004 |
| 夫婦の危機* | | | | | | |
| 　いいえ | 469 (85%) | 277 (84%) | 27 (66%) | 2, 143 | 5.00 | 0.008 |
| 　はい | 81 (15%) | 51 (16%) | 14 (34%) | | | |
| 婚姻状況 | | | | | | |
| 　既婚 | 457 (83%) | 275 (84%) | 28 (68%) | 2, 143 | 4.36 | 0.01 |
| 　同棲 | 96 (17%) | 52 (16%) | 13 (32%) | | | |

* 過去1年間に夫婦の危機や離婚の危機を経験しましたか？

　個体レベルでヒトのペアボンディング行動の予測因子として機能することを意味しない。しかし，この遺伝子が集団レベルで調査された行動に弱いながらも有意な影響を与えることが示されたことは，ハタネズミを使った先行研究の結果は，おそらくヒトにも関連性があるという仮定を支持することができたとしている。

引用文献

Walum, H., et al. (2008). Genetic variation in the vasopressin receptor 1a gene (*AVPR1A*) associates with pair-bonding behavior in humans. *Proceedings of the National Academy of Sciences of the United States of America, 105* (37), 14153-14156.

第I部

第II部

第III部

## 第9章

# オキシトシンとパーソナルスペースに関する実験

## 1　はじめに

　オキシトシンは,「愛情ホルモン」として知られ, ヒトや哺乳類において親子の絆や社会的結束, 信頼, 愛情の形成に関与している (Meyer-Lindenberg et al., 2011 ; Feldman, 2012 ; McCall & Singer, 2012)。このホルモンは脳の下垂体後葉から分泌され, 出産時の子宮収縮や母乳分泌の促進に寄与するとともに, 親子の絆を強化するための重要な役割を果たすなど社会的な相互作用を強化する効果も持っていることが示されている。

　一方で, 一夫一婦制の絆が形成された後のその絆の維持にオキシトシンがどれほど影響を与えるかについては, 明確な証拠が確立されていなかった (Scheele et al., 2012)。そこで, シェーレら (Scheele et al., 2012) は, オキシトシンが男女の社会的距離 [1] に与える影響を調査するための実験を行った。

　人は, 魅力的な異性との初対面時に, さまざまな方法で関心を示すものの, 実際に物理的に相手に近づく行動が, その関心の真剣度を示す重要な要因である。私たちが他者との間に保つパーソナルスペース (PS) [2] は, 私たちと他者との間の距離を示し, その距離の狭さは相手との関係の深さを反映する。見知らぬ人が私たちの PS を侵害すると, 私たちは不快に感じる (Hall, 1966 ; Hayduk, 1983)。特に, 家族や恋人, 親しい友人などのような親密な関係においてのみ許

---

1) シェーレらは, 論文中で personal space 以外に social distance (社会的距離) という用語を用いているが, この場合の social distance はコラムで解説しているエドワード・ホール (Hall, 1966) の 4 つの距離帯の 1 つとしての social distance とは意味が異なり, シェーレらは physical distance (実験者と参加者の物理的距離) の意味で用いている。

される距離（数十センチ以内）がある。したがって，初対面の異性に近づく際には，この距離感に注意が必要である。

シェーレらの研究チーム（Scheele et al., 2012）は，社会的認知能力や愛着不安に加えて，男性が既に女性のパートナーを持っているかどうかが初対面の魅力的な女性との距離感にどのように影響するかを，オキシトシンの影響の観点から検証を試みている。

彼らは2つの異なるタイプの実験を行っているが，ここでは実験者と参加者の間の社会的距離の測定を行った実験について簡単に紹介しておく。

## 2　シェーレらの実験

### ■ 2-1　実験方法

第1実験の参加者は，健康な異性愛男性86人で書面による同意を得た後に参加。このうち，まず実験の最初の部分では57人の参加者が1つのグループに登録された（そのうち27名はパートナーなし，30名はパートナーあり）。残りの29名は実験の後半部分に割り当てられ，独立した対照実験の参加者として実験に参加した。

なお，実験参加者は，身体的・精神的疾患を有しておらず，過去4週間に市販の精神作用薬を服用していないことなども確認している。また参加者たちは，規則正しい睡眠時間と起床時間を維持し，カフェインとアルコールの摂取を控

---

2）ソマーは，パーソナルスペースを「人の身体を取り囲む，侵入者が入ってはいけない目に見えない境界のある領域」（Sommer, 1969：26）と定義した。一般的には，このスペースに他者が侵入すると，その人物が信頼できる親しい関係者でない限り不快感を感じることが多い。パーソナルスペースとは，人々が他者と快適に接するために必要とする空間である。なお「パーソナルスペースという概念は，いくつかの点でテリトリー（縄張り）と区別することができる。最も重要な違いは，縄張りが比較的固定しているのに対し，パーソナルスペースは持ち運びができるという点である。動物や人間は通常，自分のテリトリーの境界線を他者から見えるようにマーキングするが，パーソナルスペースの境界線は目に見えない」（Sommer, 1959：248）。また，パーソナルスペースの大きさは，文化や個人の性格，状況などによって大きく異なることも知られている。

えるよう求められた。

　実験では，二重盲検法[3]（厳密に言うと「ダブルブラインド，ランダム化，並列群デザイン」）を用いている。実験の45分前に，実験群ではオキシトシン，コントロール群ではプラセボ薬（塩化ナトリウム溶液）を鼻腔内投与。なお，実験の前半部分では彼女の有無が実験群と統制群でアンバランスにならないように注意して2つの群に配分されている。

　実験の方法については，以下のような手順が取られた（図9-1及び図9-2を参照のこと）。まず実験参加者は，部屋の一方の端の床にマークされたラインの場所に立つように指示された。パーソナルスペースを測定する試行は決められた順序で実施され，実験の開始前にすべての参加者が練習の試行を行っている。パーソナルスペースの測定に際して，女性実験者が自然な歩行で参加者から2メートル離れた開始距離から近づいていくパターンと30cmという近い開始距離から参加者から遠ざかっていくという2パターンが用いられている。また，女性実験者ではなく実験参加者の方が移動するパターンも用いられている。さらに，実験の後半部分（対照実験）では，女性実験者の代わりに男性が実験参加者に近づくあるいは遠ざかる役割を担った。

　なお，この第1実験では「停止距離パラダイム（Stop-Distance Paradigm）」を利用している。停止距離パラダイムとは，一般的には人間の社会的相互作用や動物の領域行動の研究で使われる概念で，個体間の理想的な距離（「個人距離」や「快適距離」）を測定するための手法を指す。人間の場合，このパラダイムでは，実験参加者が他者にどれだけ近づくことができるか，または他者が実験参加者にどれだけ近づくことを許容するかを観察する。この「ストップ距離」は，実験参加者が不快に感じる前に他者が接近できる最短距離として定義されている。

　実験では，魅力的な女性実験者との間の「理想的な距離」（ideal distance）[4]と

---

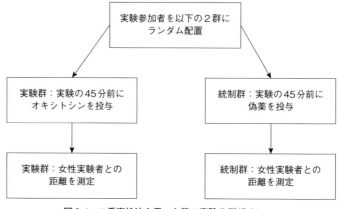

図 9-1　二重盲検法を用いた第 1 実験のデザイン
（対照実験では男性実験者とのパーソナルスペースを測定）

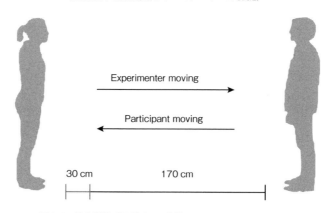

図 9-2　停止距離パラダイムの方法（Scheele et al., 2012：16076）

　参加者が「わずかに不快に感じる」(slightly uncomfortable) 距離を測定した。測定は複数回行い，一人一人平均を取っている。次に，参加者に平均的な人が最適と考える距離を選んでもらい，実験者の共感度や信頼度，実験中の感情（感情価，覚醒度，恥ずかしさ，自分の感情への注目度）を 9 件法で評価してもらった。

---

4）シェーレらは，論文の中で「理想的な距離」(ideal distance) をパーソナルスペース（personal space）と同義語として用いている（Scheele et al., 2012：16075）

　実験の半分では，実験者はアイコンタクトをせずに参加者に接近した（または離れた）。残りの半分では，実験者はアイコンタクトを行いながら同様に参加者に接近した（または離れた）。実験者と参加者との間（顎と顎との間）の距離は，デジタルレーザー測定器によって計測された。

### ■ 2-2　実験結果

　実験1では，移動する人（「実験者」または「参加者」），開始位置（「遠い」または「近い」），アイコンタクト（「あり」または「なし」）を実験参加者内要因とし，処置（「オキシトシン」または「プラセボ」），パートナー条件（「パートナーあり」または「パートナーなし」）を実験参加者間要因とし，パーソナルスペースを従属変数とする反復測定分散分析を行っている。

　分析の結果，スタート位置の主効果と，スタート位置と移動する人との交互作用が認められた。具体的には，パーソナルスペース（理想的距離）は，参加者が実験者に接近する場面よりも（図9-3のFar），実験者から遠ざかる場面（図

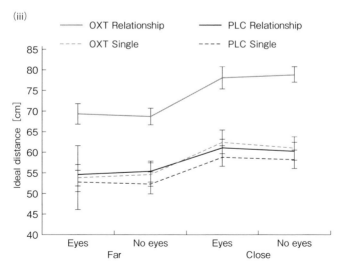

**図9-3　シェーレらの実験結果の一部（実験参加者が実験者に近づいたり遠ざかった場合の結果）**
（OXTはオキシトシン，PLCはプラセボ，Relationshipはパートナーありの意味）（Scheele et al., 2012：16076）

表9-1　パートナーがいる男性について女性実験者が動いた場合の結果 (Scheele et al., 2012：16077)
（Cohen's *d* は筆者が計算）

| | オキシトシン (n=14) | プラセボ (n=16) | Cohen's *d* |
|---|---|---|---|
| **理想的な距離** | | | |
| アイコンタクトありで近づく | 70.41　(9.41) | 55.90　(10.01) | 1.49 |
| アイコンタクトなしで近づく | 67.96　(9.93) | 54.11　(8.66) | 1.49 |
| アイコンタクトありで遠ざかる | 68.40　(7.31) | 57.56　(10.02) | 1.22 |
| アイコンタクトなしで遠ざかる | 68.16　(7.25) | 55.82　(8.88) | 1.51 |
| **やや不快に感じる距離** | | | |
| アイコンタクトありで遠ざかる | 44.40　(5.44) | 37.47　(4.38) | 1.41 |
| アイコンタクトなしで遠ざかる | 42.78　(5.64) | 36.75　(5.61) | 1.07 |

9-3 の Close）で大きくなった。

　また，アイコンタクトの主効果は小さいながらも有意であり，アイコンタクトのある試行では視線を外した試行よりも距離が広がることが示された。また，この効果は参加者ではなく実験者が移動する場合に強まることが明らかとなった。

　しかし，この実験のより興味深い結果として，パートナーのいる男性の場合には，オキシトシンを投与された男性の場合，投与されていない男性に比べてパーソナルスペースは有意に広いという結果が示された点である。シェーレら (Scheele et al., 2012) は，オキシトシンは初対面の魅力的な女性とのパーソナルスペースを縮めるものと考えていたが，実験結果はその逆であった。表9-1 に示すように，オキシトシン投与群と非投与群の間のパーソナルスペースの差の効果量はかなり大きい。なお，独身男性にはオキシトシンの効果は認められなかった。

　オキシトシンは，社会的絆やアタッチメントを強化する効果があると言われる。このため，既にパートナーがいる男性にオキシトシンを投与すると，彼らは自身のパートナーとの関係を守るための行動を強化する可能性があると考えられる。具体的には，魅力的な異性との距離を無意識に取ることで，誘惑や不適切な関係を避けた可能性が考えられる。つまり，シェーレら (Scheele et al., 2012) の実験結果は，オキシトシンは人々の社会的絆を深める一方で，既存の関係を保護する効果も持つ可能性を示唆している。

## 3　プレッケルらの実験

　シェーレら（Scheele et al., 2012）の実験では，実験参加者は男性のみであった。オキシトシンの効果が女性でも同様に見られるのかについて，プレッケルら（Preckel et al., 2014）は，女性を参加者とした実験を行っている。彼らは3つの異なる方法で実験を行っているが，ここでは，最も重要と思われる第1実験について解説しておく。

　プレッケルらの第1実験では，シェーレらの第1実験と同様に「停止距離パラダイム（Stop-Distance Paradigm）」を用いている。独立変数として，オキシトシンの投与の有無に加えて，シェーレらと同様に，実験者が実験参加者に近づく（「遠い」すなわち開始距離は2m）か，実験参加者から遠ざかる（「近い」すなわち開始距離は30cm），アイコンタクトの有無，実験者が動くか参加者が動くかの3変数も分析に加えている。

　図9-4のAは男性実験者と女性参加者，Bは女性実験者と女性参加者の組み

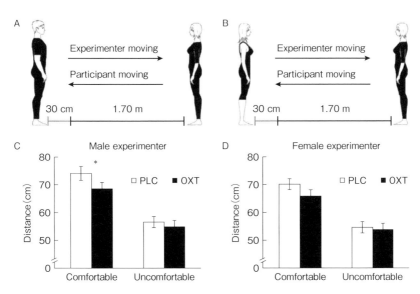

**図9-4　第一実験（停止距離パラダイム）の方法およびオキシトシンの効果の一部**
（略号　OXT, オキシトシン；PLC, プラセボ；*P＜0.05, エラーバーは標準誤差）（Preckel et al., 2014：3, Figure 1).

合わせのイラストである。Cは男性実験者，Dは女性実験者の全条件における
理想的（快適）距離とやや不快な距離の平均値を示しているが，図9-4のCの
左図にあるとおり，オキシトシンを投与された場合は，女性が初対面の魅力的
な男性に対して維持する快適な距離がコントロール群に比べて有意に狭くなっ
ている。

　実験者が男性の場合について，快適な距離（comfortable distance）を従属変数
とした反復測定分散分析を行ったところ，女性参加者との距離には「アイコンタ
クトの有無」（EC = eye contact）（$F_{(1, 74)}$ = 6.99, $P$ = 0.01, $\eta^2$ = 0.09），「どちらが動
くのか」（PM = person moving）（$F_{(1, 74)}$ = 24.10, $P < 0.01$, $\eta^2$ = 0.25），「近い距離か
ら離れる場合と2メートルの距離から近づく場合」（SP = starting position）（$F_{(1, 74)}$ = 15.80, $P < 0.01$, $\eta^2$ = 0.18）のいずれの主効果も見られ，またPMとSPの間
の有意な交互作用も報告されている（$F_{(1, 74)}$ = 37.47, $P < 0.01$, $\eta^2$ = 0.34）。

　しかし，上述したように，より重要な結果として，オキシトシンの投与の有
無の主効果が見られている（$F_{(1, 74)}$ = 4.39, $P$ = 0.04, $\eta^2$ = 0.06, 図9-4のCの左側）。

　ただし，表9-2に示すように，Cohen's $d$（論文では報告されていないのでこちら
で計算）を見ると，実験群（オキシトシン投与あり）とコントロール群（オキシトシ
ン投与なし）の間の平均値の差は小から中程度と効果量はさほど大きくはない。

　また，やや不快に感じる距離（slightly uncomfortable distance）についてはPM
やSPの主効果は見られているが，オキシトシンの投与の有無の主効果は有意

**表9-2　男性実験者が女性参加者に向かった動いた場合の結果**
（ブレッケルら（Preckel et al., 2014：5, Table 2）に報告されている結果の一部。Cohen's $d$ はこちらで計算）

| | オキシトシン（n=38） | プラセボ（n=38） | Cohen's $d$ |
|---|---|---|---|
| **心地良い距離** | | | |
| アイコンタクトありで近づく | 72.54（18.75） | 81.32（18.71） | 0.469 |
| アイコンタクトなしで近づく | 73.10（18.03） | 81.85（17.08） | 0.498 |
| アイコンタクトありで遠ざかる | 73.38（12.72） | 76.69（15.66） | 0.232 |
| アイコンタクトなしで遠ざかる | 73.15（12.31） | 79.93（12.98） | 0.536 |
| **やや不快に感じる距離** | | | |
| アイコンタクトありで近づく | 51.21（16.63） | 55.73（19.11） | 0.252 |
| アイコンタクトなしで近づく | 50.88（16.51） | 55.41（18.10） | 0.261 |
| アイコンタクトありで遠ざかる | 64.61（12.77） | 65.78（13.51） | 0.089 |
| アイコンタクトなしで遠ざかる | 63.43（12.87） | 64.73（13.16） | 0.100 |

ではなく，また効果量も小さかった（図9-4のCの右側および表9-2参照）。

さらに，実験者が女性の場合（つまり女性と女性との間の距離）については，心地良い距離およびやや不快に感じる距離のいずれにおいてもオキシトシンの投与の効果は観察されなかった（図9-4のD）。

男性はより多くの女性と子孫を残すことで利益を得る一方，女性はパートナーを慎重に選ぶことで利益を得ると考えられている（Levey and Kelly, 2010）。男女にはこのような交配戦略の違いがあることが知られている。男性は性的な浮気の方をより脅威的なものとして認識する一方，女性は精神的な浮気により敏感であると言われる（Buss et al., 1992）。従って，男性は女性に比べて，見知らぬ異性からの社会的接近や身体的接近を潜在的不貞のシグナルとしてより苦痛を感じるのかも知れない。パートナーの女性の報酬価値を高めることによって（Scheele et al., 2013），オキシトシンは男性のこれらのシグナルをさらに強化し，初対面の魅力的な女性を回避する引き金になっている可能性がある。

全体として，プレッケルらの研究は，オキシトシンが女性の社会的接近行動，特に肯定的な社会的刺激（たとえば，魅力的な男性）に対する接近行動を促進する役割を担っているという可能性を示している。これらの知見は，社会的行動の根底にある神経生物学的メカニズムを理解する上で重要な意味を持ち，社会性障害の治療に応用できる可能性もある。

## 引用文献

Buss, D. M., Larsen, R. J., Westen, D., & Semmelroth, J. (1992). Sex differences in jealousy: evolution, physiology, and psychology. *Psychological Science, 3*(4), 251-255.

Feldman, R. (2012). Oxytocin and social affiliation in humans. *Hormones and Behavior, 61*(3), 380-391.

Hall, E. T. (1966). *The hidden dimension.* Garden City, NY: Doubleday.（日高敏隆・佐藤信行（訳）（1970）．かくれた次元，みすず書房）

Hayduk, L. A. (1983). Personal space: where we now stand. *Psychological Bulletin, 94*(2), 293-335.

Levy, K. N., & Kelly, K. M. (2010). Sex differences in jealousy: A contribution from attachment theory. *Psychological Science. 21*(2), 168-173.

McCall, C., & Singer, T. (2012). The animal and human neuroendocrinology of social

第Ⅰ部

第Ⅱ部

第Ⅲ部

cognition, motivation and behavior. *Nature Neuroscience, 15*(5), 681-688.

Meyer-Lindenberg, A., Domes, G., Kirsch, P., & Heinrichs, M. (2011). Oxytocin and vasopressin in the human brain: social neuropeptides for translational medicine. *Nature Reviews Neuroscience, 12*(9), 524-538.

Preckel, K., Scheele, D., Kendrick, K. M., Maier, W., & Hurlemann, R. (2014). Oxytocin facilitates social approach behavior in women. *Frontiers in Behavioral Neuroscience, 8*(191), 1-9.

Scheele, D., Striepens, N., Gunturkun, O., Deutschlander, S., Maier, W., Kendrick, K. M., & Hurlemann, R. (2012). Oxytocin modulates social distance between males and females. *The Journal of Neuroscience, 32*(46), 16074-16079.

Scheele, D., Wille, A., Kendrick, K. M., Stoffel-Wagner, B., Becker, B., Güntürkün, O., et al. (2013). Oxytocin enhances brain reward system responses in men viewing the face of their female partner. *Proceedings of the National Academy of Sciences of the United States of America, 110*(50), 20308-20313.

Sommer, R. (1959). Studies in personal space. *Sociometry, 22*(3), 247-260.

Sommer, R. (1969). *Personal space: The behavioral basis of design.* Englewood Cliffs, N. J.: Prentice Hall Direct.

## コラム⑧　エドワード・ホールの4つの距離帯

　アメリカの文化人類学者であるエドワード・ホール（Hall, 1966）は，対人距離を以下の4つの距離帯に分類している。

**密接距離**（intimate distance, 0 cm ～45 cm）

　ごく親しい人だけに許される距離。この距離では，相手の身体に容易に触れることができる。したがって，知らない相手がこの距離に入ると，恐怖感・不快感を強く感じることとなる。

**個体距離**（personal distance, 45 cm ～120 cm）

　親しい友人・恋人・家族との会話時に取る距離。この距離では，相手の表情が読み取れる。手を伸ばせば相手に触れることができる距離である。

**社会距離**（social distance, 120 cm ～350 cm）

　相手に触れることができない距離。知らない相手や公的な場面での会話に適した距離であり，手が届かない安心できる範囲となっている。職場の同僚同士の会話や公式な場でのコミュニケーションに適している。

**公衆距離**（public distance, 350 cm 以上）

　講演会など，自分と相手との関係が「個人的」ではなく「公的」である場面での距離である。

　ここでは詳細は省くがホールは上の4つのそれぞれの距離帯をさらに「近接相」と「遠方相」に分けている。

　一般向けの書籍やネット上では，パーソナルスペースには上の4つのタイプがあるという間違った記述が数多く見られる。しかし，パーソナルスペースはホールの分類でいえば大体個体距離（personal distance）に相当するものである（ただし，パーソナルスペースは接近する相手との関係や個人の性格などでかなり異なることが知られている）。

　また，9章で紹介したシェーレら（Scheele et al., 2012）は論文中でsocial distance という用語を用いているが，前述したように彼らの用法

はホールのそれとは異なっている。

　なお，このホールの4つの距離帯は北米の中流アメリカ人の行動の観察や面接から導かれたもので，文化や人種を超えて過度に一般化すべきではない点にも注意が必要である（Hall, 1966）。

**引用文献**

Hall, E. T. (1966). *The hidden dimension.* Garden City, NY: Doubleday.（日高敏隆・佐藤信行（訳）(1970). かくれた次元，みすず書房）

# あ と が き

　まえがきでも述べたように，1970年代以降，心理学をはじめ様々な分野の研究者が恋愛というテーマに科学的な視点から真剣に取り組み始めている。

　本書では，社会心理学や恋愛心理学における有名な研究を中心に，21世紀になって脳科学や遺伝子研究などの自然科学の立場から行われた興味深い実験研究も紹介してきた。

　恋愛心理を対象にした学術書はすでにいくつか出版されているが，それらの書籍では個々の研究のエッセンスは伝えているものの，一つひとつの研究について実験デザインや調査方法，あるいはデータの分析方法などについて詳しく解説しているものはほとんど見当たらない。たとえば，第1章で詳しく解説したダットン＆アロンの揺れる吊り橋実験について，恋愛心理を対象にした学術書でもダットン＆アロンの論文で本当に明らかになっていることが必ずしも正確には伝えられていない。

　このような現状を背景に，本書では恋愛に関する科学的研究の中で，特に有名なもののいくつかを取り上げ，それらの研究におけるデータの収集方法や分析法などについて，批判的視点を交えながら詳しく解説した。そのことによって本書の内容は統計学やデータ分析にあまり詳しくない読者には「恋愛の科学」というタイトルが示すより難しいものになったかもしれない。しかし，本書で取り上げた諸研究が明らかにしたことをできるだけ正確に読者に伝えるには，ある程度専門的な話をせざるを得なかった点はご理解いただきたい。

　筆者は，ダットン＆アロンの実験結果を出典にした「恋の吊り橋効果」とかマレービアンらの実験を元にした「メラビアンの法則」など，必ずしも正式な心理学用語となっているわけではないものが，世間では科学的にもきちんと立証されたものであるかのように信じられている現状を危惧している。本書をきっかけに少しでも多くの人たちがこのような点にも気づいてくれれば幸いである。

　なお，本書の主題からは少し外れてしまうが，重要なことなので本書で何度

も出てきた統計的仮説検定（あるいは単に統計検定）について少し触れておきたい。

　一般に有意確率（p値）が0.05（5％）未満の場合（$p<0.05$）を統計的に有意と言うが，5％という基準はあくまで慣習として用いられてきたもので何か根拠があるものではない（大久保・岡田，2012）。

　また，有意確率（p値）はサンプルサイズに大きく影響されるため，p値や統計的有意性は，効果の大きさや結果の重要性を意味しているわけではない点にも十分に注意が必要である。

　以前から，有意確率5％を基準に有意かどうかを判定する二分法には根強い批判があった。たとえば，ロズノー＆ローゼンタールはp値について皮肉を込めて「神は.06を.05と同じくらい愛してくださる」(God loves the .06 nearly as much as the .05.) と述べている（Rosnow & Rosenthal, 1989：1227）。

　2016年にアメリカ統計学会（American Statistical Association: ASA）から「統計的有意性とP値に関する声明（ASA声明）」(ASA Statement on Statistical Significance and P-Values) が出され，さらに2019年にも有名な科学誌Natureに3人の科学者によるScientists rise up against statistical significanceという論説が掲載されて以降，有意確率（p値）の扱い方について専門家の間で論争が起こっている。

　米国統計学会（American Statistical Association）が発行するジャーナル *The American Statistician* が2019年に有意性検定に関する特集を組んでいる。Editorial論文のタイトルはMoving to a World Beyond "$p<0.05$"で，巻頭論文の中でこの特集号に寄せられた43本の論文の内容やその他の関連文献を精査した結果，今後statistically significant（統計的に有意）や類似表現であるsignificantly different, $p<0.05$, nonsignificantなどの表現を使うことは止めるべきであると提言している（Wasserstein, Schirm, & Lazar, 2019）。すでに，たとえば *Basic and Applied Social Psychology* という社会心理学系のジャーナルでは，数年前から論文中での有意確率（p値）の報告を禁止し，代わりに効果量を載せるという方針に転換している。

　日本でも，近年『心理学評論』が統計に関する特集を組んでいるが，そこではベイズ統計モデリングやオープンサイエンスが柱となっている。その特集号

の中で，林は頻度論について「$p$ 値の誤用・悪用は学問とデータ解析の価値を堕せしめるに十分な行為である」としつつ，「$p$ 値への批判は頻度主義そのものに存する理論的欠陥というよりも，都合の良い直感または誤った解釈に基づいて数値を弄んだことに起因するものが大半であると思われる」（林，2018：148）と指摘している。

　ただし，社会科学をはじめ多くの学問分野で，有意確率の報告や統計的に有意という表現がすぐに使われなくなるとは考えにくい。現在，心理学をはじめ多くの学問分野では，統計検定の結果を報告する際には，有意確率そのもの（たとえば $p = 0.058$ など）を書くことに加えて，効果量や信頼区間も報告することが求められている。このように徐々に結果の報告の仕方も変わってきている。

　本書で紹介した研究では全て統計的仮説検定が用いられているが，将来的には分析結果の記述の仕方にも更なる変化が起こるかもしれない。

　以上の話と多少関連するが，実験における一般化を巡る問題についても触れておきたい。

　言うまでもなく，サンプル（標本）データをもとに，母集団の値を推測したり統計的検定を行う場合，そのサンプルが母集団からランダム（無作為）に抽出されていることが前提になっている。しかし，本書で紹介した実験は基本的に母集団からランダムサンプリングされた人たちを対象にしたものではない。

　では，心理学や医学などでランダムサンプリングされた参加者ではない人を対象に行われた実験の母集団は何だと考えられるのか。この問題について，亀田が指摘するように「実験結果の母集団への一般化可能性は一筋縄ではいかない難しい問題」（亀田，2017：306）である。南風原も同様に，母集団からのランダムサンプリングという前提が満たされていない場合に，確率モデルを適用した統計分析を行うことについてどう考えるかは「非常に根本的で重要な問題」（南風原，2002：120）としている。

　南風原はこの問題に対して，「実際のサンプルからその結果を一般化しても無理がないと思われる「母集団」というものを新たに想定する」（南風原，2002：121）必要があると述べ，「実際のサンプルをその限定された母集団からのランダムサンプルとみなす」（南風原，2002：123）という考え方を紹介している。

　高野は，実験条件と統制条件に実験参加者をランダム（無作為）配分してい

れば，「「実験に参加した被験者と同質の人間」という仮想的な集団が母集団となる」（高野，2000：138）とし，南風原も同様に，実験参加者を「その仮想的な母集団から無作為抽出した標本だとみなすことができる」（南風原，2002：138）と述べている。要するに，自分が持っている知識や関連するさまざまな知見をもとに，この仮想的母集団に対して「一般化できそうな範囲で一般化する」（高野，2000：139）という考え方である。

　しかし，全ての研究者がこの立場に賛同するかどうかはわからない。西内（2013）はベストセラーになった『統計学が最強の学問である』の第6章「統計家たちの仁義なき戦い」で，このランダムサンプリングされていないデータに対して統計的検定を行うことについて触れ，これが容易には解決できない問題であることを指摘している。

　なお，心理学の実験では大学生を対象にしたものも少なくないが（本書で紹介した実験の多くもそうである），この点について亀田は「大学生の心理学？」（亀田，2007：305）などと揶揄されることがある点に触れている。言い換えると，大学生を対象にした実験結果は一般化できないという批判である。

　この「大学生の心理学」という批判に対して亀田は，色覚実験の例を用いてわかりやすく解説している。色覚のメカニズムに関心を持っている研究者がいたとして，その研究者が「おそらく暗黙のうちに想定している母集団は，種としてのヒトであり，そこから標本を無作為抽出することは原理的にできない」（亀田，2017：306）と述べ，このような場合，研究者が実験結果の一般化に向けてできることは剰余変数を組織的に検討することだと言う。たとえば，色覚の実験であれば，虹彩の色が重要な剰余変数になりうると考えられるため，虹彩の濃淡が異なる実験参加者（たとえば日本人と西洋人）を用いて実験を行い，もし結果が異なるようなら，虹彩の濃淡を統制する必要がある。しかし，色覚実験の場合，実験参加者が大学生か年配の人かの区別はおそらく剰余変数にはならないだろう。従って，「大学生の心理学」という批判に対して，「大学生か否かという区別が剰余変数として意味をもつことが理論的に懸念される場合を除き，それだけでは有効な批判になりえない」（亀田，2017：308）と指摘している。

　ここでは，本書で数多く登場した統計的検定やそれにまつわる問題について簡単に述べてきた。統計学を用いたデータ分析には，他にもさまざまな論点が

存在する。統計的分析を用いている論文などを読む際には，そうした点にも十分に注意を払っていく必要がある。

　本書は，「東京女子大学学会研究叢書」の一冊として，東京女子大学より助成を受け刊行されたものである。

　また，本書の出版にご尽力いただいたナカニシヤ出版編集部の方々，とりわけ由浅啓吾氏には厚くお礼申し上げたい。

引用文献

南風原朝和（2002）．心理統計学の基礎―統合的理解のために，有斐閣．

林　賢一（2018）．統計学は錬金術ではない，心理学評論，*61*(1)，147-155．

亀田達也（2017）．結果の解釈，高野陽太郎・岡　隆（編）心理学研究法―心を見つめる科学のまなざし 補訂版，有斐閣，pp.301-313．

西内　啓（2013）．統計学が最強の学問である，ダイアモンド社．

大久保街亜・岡田謙介（2012）．伝えるための心理統計―効果量・信頼区間・検定力，勁草書房．

Rosnow, R. L., & Rosenthal, R.（1989）. Statistical procedures and the justification of knowledge in psychological science. *American Psychologist, 44*(10), 1276-1284.

高野陽太郎（2000）．因果関係を推定する―無作為配分と統計的検定，佐伯　胖・松原　望（編）実践としての統計学，東京大学出版会，pp.109-146．

Wasserstein, R. L., Schirm, A. L., & Lazar, N. A.（2019）. Moving to a world beyond "$p <$ 0.05". *The American Statistician, 73*(1), 1-19.

# 事項索引

# 人名索引

**著者紹介**
斉藤慎一（さいとう しんいち）
ペンシルベニア大学大学院博士課程修了（Ph.D）。専門は
メディア研究と社会心理学。
現在、東京女子大学現代教養学部心理・コミュニケーショ
ン学科教授。

主要業績
『メディアとジェンダー』勁草書房，2012 年（共著）
*Handbook of Election News Coverage Around the World*,
Routledge, 2008.（共著）
*Social media, culture, and politics in Asia*, Peter Lang
Publishers, 2014.（共著）
Television and the cultivation of gender role attitudes in
Japan: Does television contribute to the maintenance of
the status quo? *Journal of Communication*, *57*(3), 2007.
など

恋愛はどこまで科学できるのか
恋の不思議に迫る 9 つのアプローチ

2024 年 2 月 25 日　　初版第 1 刷発行

著　者　斉藤慎一
発行者　中西　良
発行所　株式会社ナカニシヤ出版
〒606-8161　京都市左京区一乗寺木ノ本町 15 番地
Telephone　　075-723-0111
Facsimile　　075-723-0095
Website　http://www.nakanishiya.co.jp/
Email　iihon-ippai@nakanishiya.co.jp
郵便振替　01030-0-13128

印刷・製本＝創栄図書印刷／装幀＝白沢　正
Copyright © 2024 by S. Saito
Printed in Japan.
ISBN978-4-7795-1790-7　C1011